Musik um uns 1 *aktiv*

Arbeits- und Musizierheft Musiklehre **Klasse 6**

erarbeitet von

Jörg Breitweg
Markus Sauter
Klaus Weber

Schroedel
westermann

Musik um uns 1 *aktiv*

Arbeits- und Musizierheft 1B
Musiklehre Klasse 6

erarbeitet von
Jörg Breitweg
Markus Sauter
Klaus Weber

Arbeitsheft zum Schülerband »Musik um uns 1«
(Bestell-Nr. 978-3-507-03010-7)

Methoden-Tipps zur Arbeit mit diesem Arbeits- und Musizierheft
finden sich unter: www.schroedel.de/musik-um-uns-1/ah6

Bildquellen:
|adpic Bildagentur, Köln: G.Kaindl Titel. |Getty Images, München: STOCK4B Titel. |Janssen Kahlert Design & Kommunikation, GmbH, Hannover: Titel.

Druck A⁹ / Jahr 2023
Alle Drucke der Serie A sind im Unterricht parallel verwendbar.

Die Seiten dieses Produkts bestehen zu 100 % aus Altpapier.

Damit tragen wir dazu bei, dass Wald geschützt wird, Ressourcen geschont werden und der Einsatz von Chemikalien reduziert wird. Die Produktion eines Klassensatzes unserer Arbeitshefte aus reinem Altpapier spart durchschnittlich 12 Kilogramm Holz und 178 Liter Wasser, sie vermeidet 7 Kilogramm Abfall und reduziert den Ausstoß von Kohlendioxid im Vergleich zu einem Klassensatz aus Frischfaserpapier. Unser Recyclingpapier ist nach den Richtlinien des Blauen Engels zertifiziert.

Redaktion: Suzanne Richter, Karlsruhe
Herstellung: Sabine Schmidt, Hannover
Umschlaggestaltung und Innenlayout: Janssen/Kahlert, Hannover
Illustrationen: Thomas Haubold, Köln
Satz: prima nota, Korbach
Druck und Bindung: Westermann Druck GmbH, Georg-Westermann-Allee 66, 38104 Braunschweig

ISBN 978-3-507-**03019**-0

Musik entdecken

kann man jeden Tag aufs Neue, wie du sicherlich schon erfahren hast: Mal wird einem ein Ohrstöpsel gereicht (»Hör dir das mal an!«), mal begegnet einem im Fernsehen oder im Internet Musik, die man spontan mag, weil sie z. B. die eigene Stimmung perfekt trifft – oder manchmal sogar die Tür zu einer neuen musikalischen Welt öffnet. Hier bekommen wir einen Tipp für eine besondere CD, da sehen wir ein Plakat für ein Konzert, das vielleicht ganz interessant sein könnte ...
Oft sind es aber auch Menschen um uns herum, die uns mit ihren musikalischen Vorlieben anstecken können. Und wenn man selbst Musik macht, z. B. im Instrumentalunterricht oder beim Singen in einem Chor, kann man dort Musik begegnen, die einen fasziniert und nicht mehr loslässt.

Auch der Musikunterricht in der Schule bietet die Chance, auf Musik zu stoßen, die neu und vielleicht auch ungewohnt für einen ist. Dass sie nicht immer den eigenen Geschmack trifft, ist völlig normal – oft lohnt es sich dennoch, sich ein wenig mit ihr zu beschäftigen, ihre Besonderheiten zu erforschen, um herauszufinden, mit welchen Mitteln sie erzeugt werden. Es gibt da nämlich einen sehr interessanten Effekt: Je mehr man vom Aufbau eines Musikstücks bzw. dessen Bausteinen versteht, desto mehr Vergnügen hat man auf Dauer beim Musikhören.

Mit einigen grundlegenden Bausteinen der Musik – Rhythmen, Tonabständen, Tonleitern – hast du dich sicherlich im letzten Schuljahr bereits beschäftigt. Weitere, zunehmend speziellere und raffiniertere Mittel kannst du in *Musik um uns aktiv* für Klasse 6 kennen lernen. Dazu findest du auf den folgenden Seiten abwechslungsreiche Aufgaben und Übungen zum Musik hören, aufschreiben und erfinden – und natürlich wieder Songs und Stücke zum Singen und Spielen. Neu hinzugekommen sind Melodien und Themen aus dem Bereich der klassischen Musik. Manche davon sind so berühmt geworden, dass sie sogar als Klingelton ihren Weg auf das Handy gefunden haben. Abschließend kannst du dann deine Fähigkeiten anhand eines musikalischen Würfelspiels testen.

Viel Freude beim

Musik machen

wünschen dir

Jörg Breitweg, Markus Sauter und Klaus Weber

Über deine Meinung zu Musik um uns *aktiv* und über Verbesserungsvorschläge würden wir uns sehr freuen – sende uns einfach eine Mail an **muu-aktiv@schroedel.de**!

Tondauern

Tonleitern

Intervalle und Dreiklänge

Übungen und Training

Tondauern

Sechzehntelnoten und Pausen Buch S. 264 f.

1. *a) Ergänzt die Takte 2–5 mit den entsprechenden Notenwerten:*

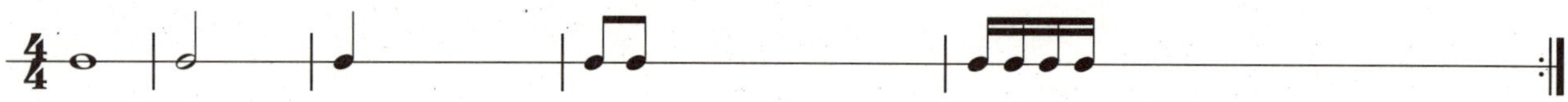

b) Musiziert nun diese Takte – auch im Kanon – möglichst abwechslungsreich: z. B. Takt 1: einmal stampfen, Takt 2: zweimal patschen, Takt 3: viermal klatschen, Takt 4: mit zwei Fingern auf die Bank klopfen, Takt 5: auf Rhythmussilben »tege, tege, tege …« sprechen. Sicherlich kommt ihr auch noch auf andere Ideen!

2. *Notiert am Anfang, um welche Taktart es sich jeweils handelt:*

a) 

b) 

c) 

d) 

3. *Setzt jeweils an den richtigen Stellen Taktstriche:*

4. *a) Sprecht die einzelnen Beispiele zunächst auf Rhythmussprache (*  *= te-ge;*  *= ti-te-ge).*
b) Sprecht im nächsten Durchgang die Takte auf Rhythmussprache und klatscht dazu.
c) Musiziert die einzelnen Beispiele (mit Body oder Mouth Percussion, Instrumenten oder eurer Stimme).
d) Nummernrätsel: Welche Nummer erklingt? Wer es weiß, darf selbst ein Rätsel stellen!

Beispiele im 4/4-Takt:

1 

2 

3 

Beispiele im 3/4-Takt:

4 

5 

6 

5. *Erfindet selber weitere zweitaktige Rhythmen mit Sechzehntelnoten; notiert und musiziert sie.*

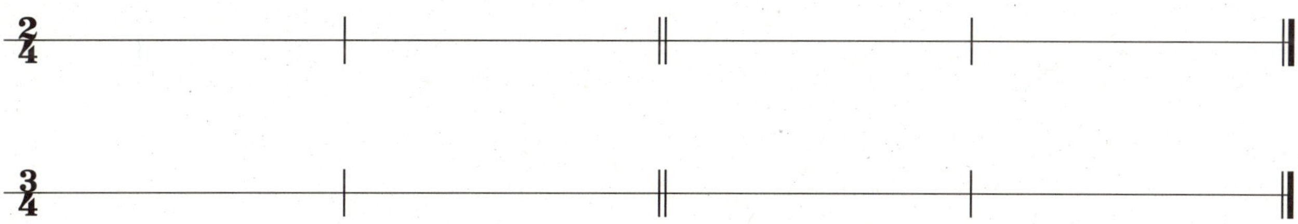

6. *Hördiktat: Ergänzt die fehlenden Takte.*

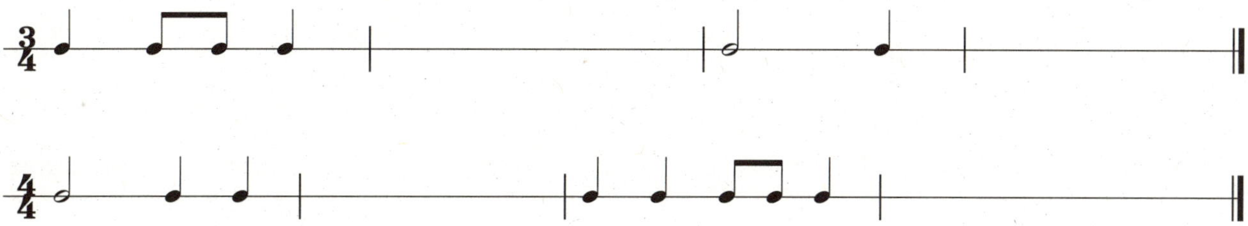

Zum Musizieren
Spiel für Drei

Spielt die folgenden Rhythmen nacheinander, gleichzeitig, als Solo und im Tutti, mit verschiedenen Instrumenten bzw. Klangkörpern wie z. B. Body oder Mouth Percussion, Tischplatte oder Stiften. Überlegt euch (eventuell in kleinen Gruppen), wie ihr das Tempo und die Lautstärke gestalten wollt.

Triole Buch S. 268

1. *Notiert die entsprechende Taktart am Anfang der Notenzeile:*

a) b)

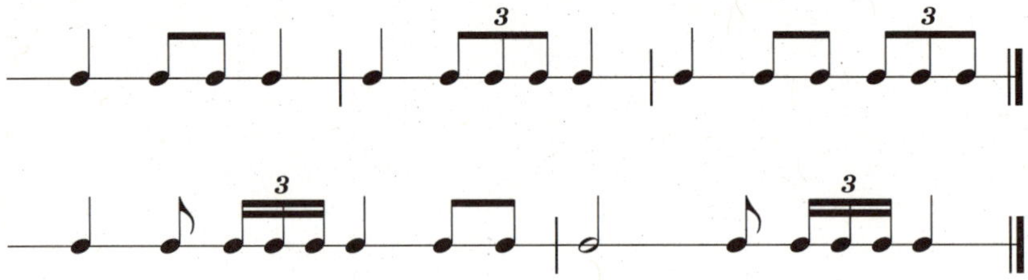

2. *Setzt jeweils an der richtigen Stelle Taktstriche:*

a) b)

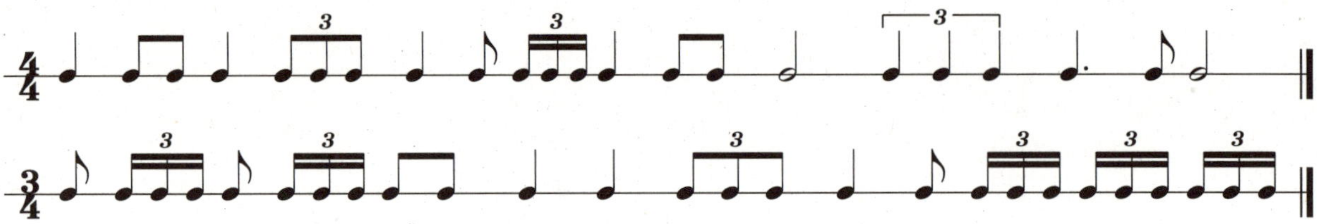

3. *a) Sprecht die einzelnen Beispiele zunächst auf Rhythmussprache (*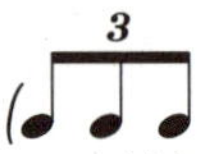 *= tri-li-li;* *= tre-le-le)*
b) Sprecht im nächsten Durchgang die Takte auf Rhythmussprache und klatscht dazu.
c) Musiziert die Beispiele (mit Body oder Mouth Percussion, Instrumenten oder eurer Stimme).
d) Nummernrätsel: Welche Nummer erklingt? Wer es weiß, darf selbst ein Rätsel stellen.

Beispiele im 4/4-Takt:

1 2 3

Beispiele im 3/4-Takt:

4 5 6

4. *Erfindet selbst Rhythmen mit Triolen; notiert diese und musiziert sie.*

5. *Hördiktat: Ergänzt die fehlenden Takte:*

Bolero

Maurice Ravel (1875–1937)
Bearbeitung: Klaus Weber

1. *Stellt fest, nach wie vielen Takten sich die Mittelstimme und der Trommelrhythmus jeweils wiederholen.*
2. *Sprecht den Trommelrhythmus zunächst auf Rhythmussprache und übt dann den Rhythmus, indem ihr jeweils mit zwei Fingern jeder Hand abwechselnd auf die Tischplatte klopft.*
3. *Wer den Rhythmus gut beherrscht, kann ihn auf einer kleinen Trommel spielen; die Melodiestimme können einige von euch auf ihrem Melodieinstrument spielen. Die Begleitstimme lässt sich gut auf einem tieferen Stabspiel oder auch mit einzelnen Klangbausteinen ausführen.*

Die Synkope Buch S. 269

1. *Musiziert die beiden Versionen des »Rap-Huhns« (Buch S. 116) und stellt fest, wo sich eine Synkope befindet. Besprecht, welche Wirkung die Synkope hat.*

Felix Janosa

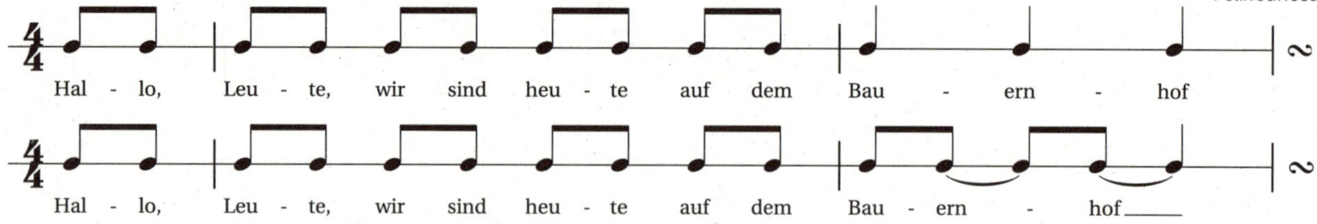

2. *Musiziert die folgenden Beispiele und markiert auch hier die Stellen mit Synkopen. Im Buch findet ihr Beispiel a) auf S. 22, Beispiel b) auf S. 64 und Beispiel c) auf S. 122.*

Uli Führe

USA

Stephanie Steigfellner

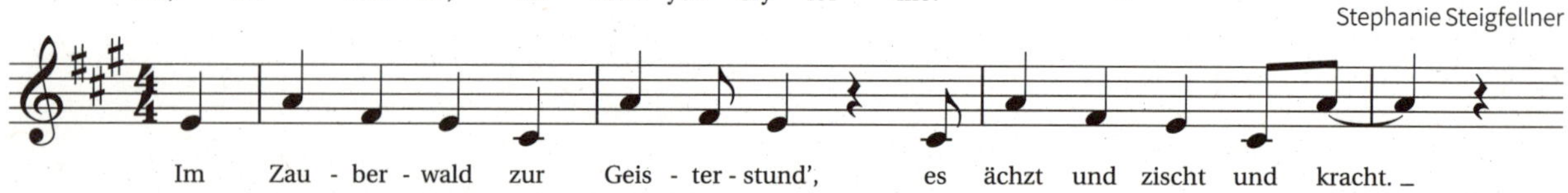

3. *Markiert auch im Song »Tropical Swing« die Synkopen.*

4. a) *Sprecht die einzelnen Beispiele zunächst auf Rhythmussprache.*
b) *Sprecht im nächsten Durchgang die Takte auf Rhythmussprache und klatscht dazu.*
c) *Musiziert die einzelnen Beispiele mit Body Percussion, Instrumenten oder eurer Stimme.*
d) *Macht mit diesen Beispielen Nummernrätsel.*

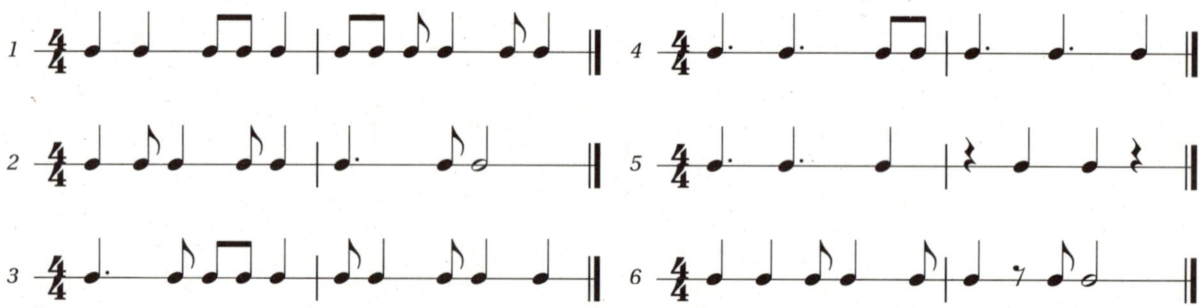

5. *Erfindet eigene Beispiele mit einer Synkope und musiziert sie.*

6. *Hördiktat: Ergänzt die fehlenden Takte:*

Tropical Swing

Jörg Breitweg

Der 6/8-Takt Buch S. 270

1. *Setzt Taktstriche:*

a) 

b) 

2. *a) Sprecht einzelne Beispiele zunächst auf Rhythmussprache (♩. = ta-i; ♪. = ti-e; ♪. ♬ ti-e-ge).*
b) Sprecht danach die Beispiele auf Rhythmussprache und klatscht dazu.
c) Musiziert die einzelnen Beispiele (mit Körperklängen, Instrumenten oder eurer Stimme).
d) Macht mit diesen Beispielen Nummernrätsel.

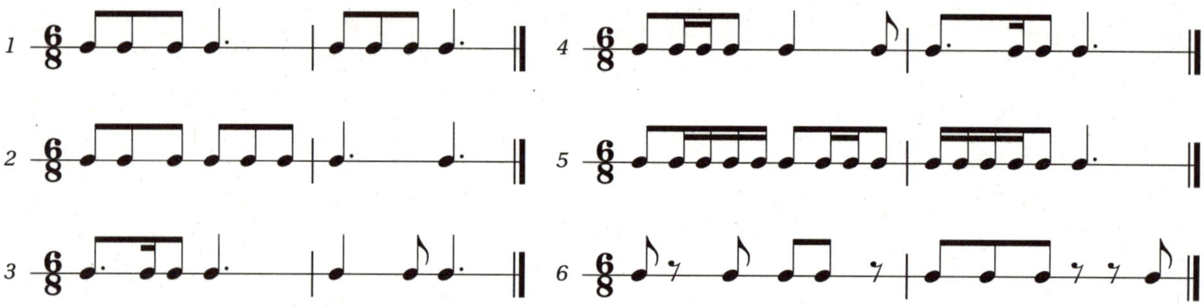

3. *Erfindet selber interessante Rhythmen im 6/8-Takt; notiert diese und musiziert sie.*

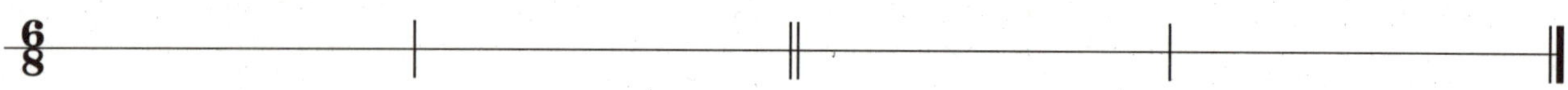

4. *Hördiktat: Ergänzt die fehlenden Takte.*

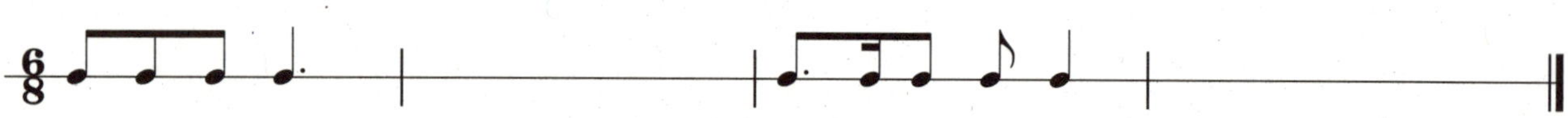

5. *a) Eure Lehrerin oder euer Lehrer musiziert die Rhythmen der folgenden drei Beispiele. Stellt fest, in welcher Reihenfolge sie erklingen.*
b) In diesen drei Beispielen haben sich bekannte Melodien von berühmten Komponisten versteckt. Auf welchen Seiten in eurem Arbeits- und Musizierheft könnt ihr diese Melodien finden?
c) Musiziert die Melodien.

Pifa (Hirtenmusik) aus »Der Messias«

Georg Friedrich Händel (1685–1759)
Bearbeitung: Klaus Weber

Oft kommt auch der 12/8-Takt vor; wie beim 6/8-Takt die beiden Dreier-Achtelgruppen in der Regel zu zwei Zählzeiten zusammengefasst werden, so gibt es auch im 12/8-Takt oft vier solcher Gruppen, die dann vier Zählzeiten entsprechen.

Taktwechsel Buch S. 271

1. *Setzt Taktstriche:*

2. *Setzt an den entsprechenden Stellen die richtige Taktbezeichnung ein:*

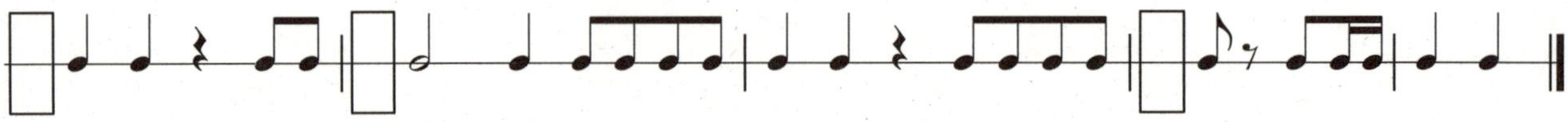

3. *a) Sprecht die einzelnen Beispiele zunächst auf Rhythmussprache.*
b) Sprecht im nächsten Durchgang die Takte auf Rhythmussprache und klatscht dazu.
c) Musiziert die einzelnen Beispiele (mit Body Percussion, Instrumenten oder eurer Stimme.)
d) Macht mit diesen Beispielen Nummernrätsel.

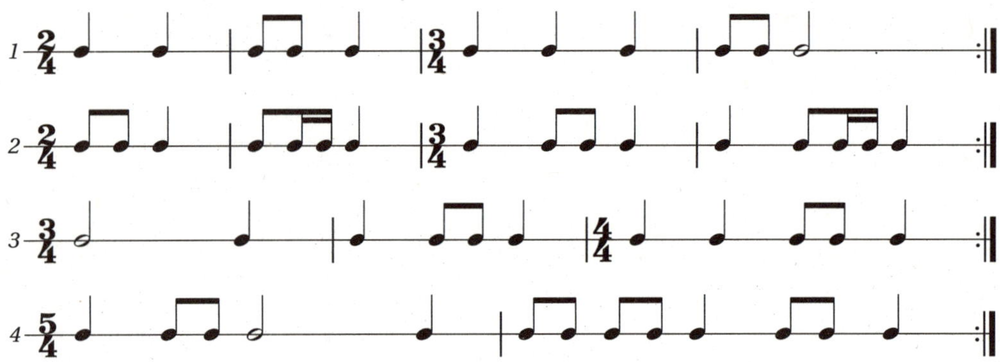

4. *Erfindet selbst Rhythmen mit Taktwechsel; notiert diese und musiziert sie.*

____

____

5. *Notiert die fehlenden Taktangaben und musiziert diesen Tanzrhythmus, indem ihr z. B. die ♪-Noten mit zwei Fingern der linken Hand und die ♪-Noten mit zwei Fingern der rechten Hand auf den Tisch klopft. Überlegt euch weitere Möglichkeiten.*

Uf dem Anger (aus »Carmina Burana«)

Carl Orff (1895–1982)

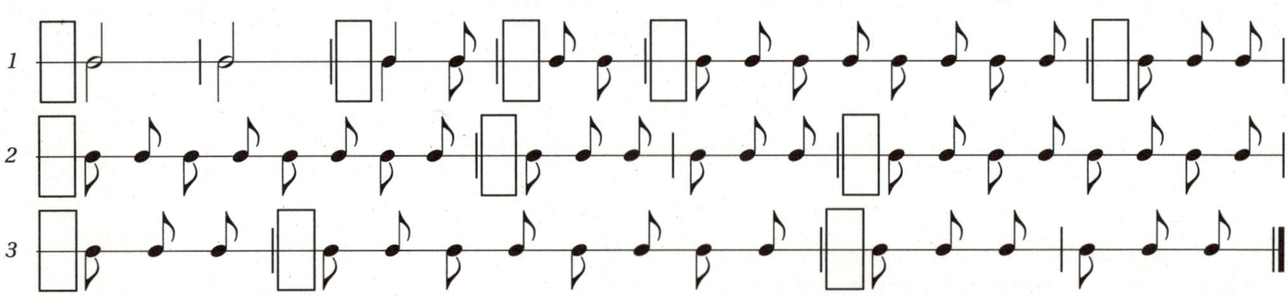

Aus ist's mit mir

Zwiefacher aus Kärnten

Ein »Zwiefacher« ist ein vor allem in Bayern und Österreich verbreiteter Volkstanz. Der Wechsel von geradem (2/4-) und ungeradem (3/4-)Takt ist sein bestimmendes Merkmal.

1. *Musiziert den »Zwiefachen« und führt dazu das folgende Rhythmus-Pattern aus:*

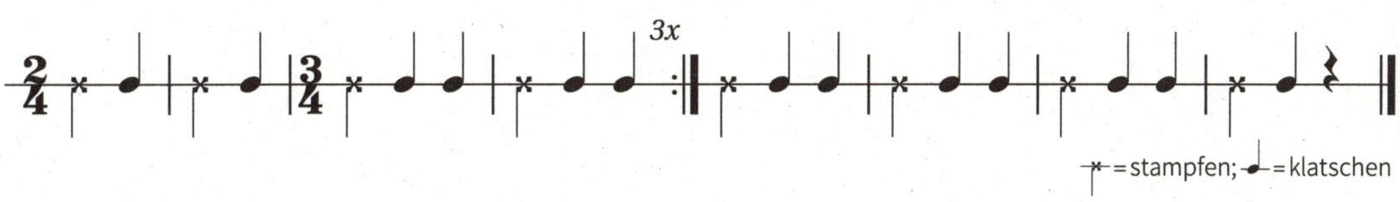

2. *Ihr könnt den »Zwiefachen« auch tanzen! Alle stehen mit dem Blick zur Mitte im Kreis und führen folgende Tanzschritte aus:*

2/4-Takt: *Seitschritt (rechter Fuß) nach rechts, Nachstellschritt (mit linkem Fuß); denselben Schritt wiederholen*

3/4-Takt: *Seitschritt (r. F.) nach rchts, Nachstellschritt (l. F.), Seitschritt nach rechts; Seitschritt (l. F.) nach links, Nachstellschritt (r. F.), Seitschritt nach links.*

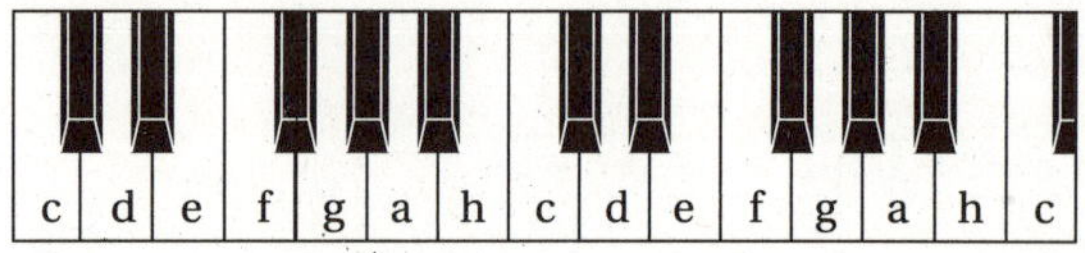

Tonleitern Buch S. 274 f.

Die D-Dur-Tonleiter

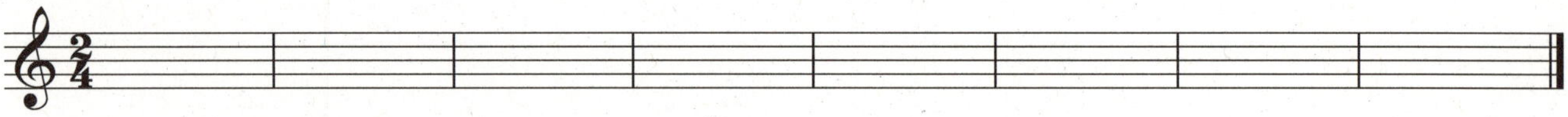

1. *Notiert in das Notensystem eine Tonleiter ab dem Ton d' in Halben Noten und schreibt den jeweiligen Notennamen darunter (Buch S. 274 f.).*
2. *Auf eurem Klasseninstrument könnt ihr diese Tonleiter spielen. An welchen Stellen klingt sie noch nicht wie eine Dur-Tonleiter?*
3. *Untersucht den Grund hierfür: Bezeichnet die Halbtonschritte in dieser Tonleiter mit einer spitzen Klammer über den Noten (mit Bleistift).*
   Vergleicht die Lage der Halbtonschritte mit dem Modell der Dur-Tonleitern (Buch S. 274).
4. *Verändert die Tonleiter an den entsprechenden Stellen mit geeigneten Vorzeichen (Veränderung der Halbtonklammer über den Noten nicht vergessen) und überprüft euer Ergebnis, indem ihr die Tonleiter spielt.*
5. *Spielt zunächst die oben stehende D-Dur-Tonleiter und danach die unten stehende Melodie in D-Dur mit dem neuen Ton. Singt die Melodie auf Tonnamen oder auf Tonsilben (d = »do«, e = »re« usw.).*

Die B-Dur-Tonleiter

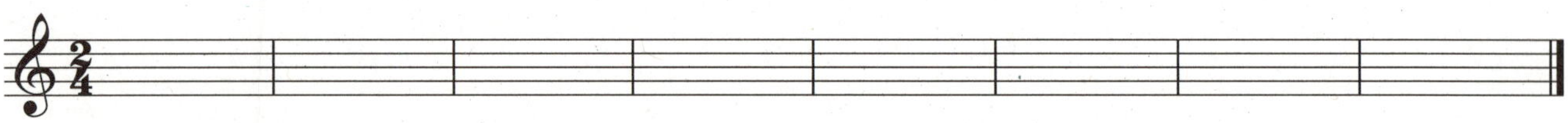

6. *Notiert in das Notensystem eine Tonleiter ab dem Ton b' in Halben Noten und schreibt den jeweiligen Notennamen (Buch S. 274) darunter.*
7. *Geht dann so vor wie oben bei der D-Dur-Tonleiter, um eine B-Dur-Tonleiter zu schreiben.*
8. *Spielt zunächst die entstandene B-Dur-Tonleiter und danach die unten stehende Melodie in B-Dur. Singt die Melodie auf Tonnamen oder auf Tonsilben (b = »do«, c = »re« usw.).*

Fata morgana

Jörg Breitweg

Anmerkung: *Eigentlich gibt es das gar nicht – zwei verschiedene Tonarten gleichzeitig in einem Stück! Aber zur musikalischen Darstellung einer »Fata morgana« sei auch das einmal erlaubt …*

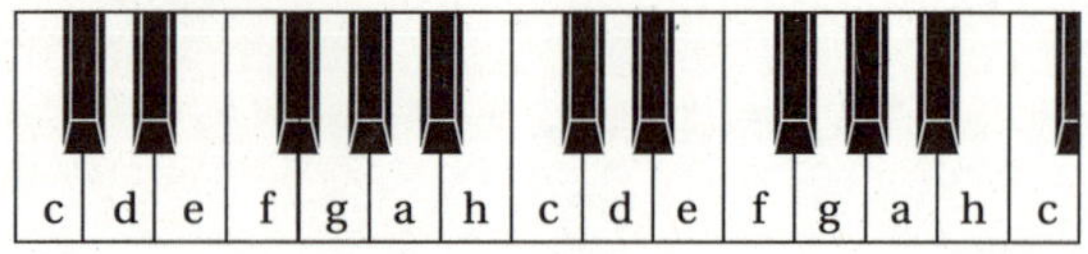

Weitere Kreuz-Tonleitern: A-Dur und E-Dur

Buch S. 274 f.

Ihr habt nun schon die Tonleitern mit einem Kreuz (G-Dur) und mit zwei Kreuzen (D-Dur) kennen gelernt.
Das folgende Schema zeigt euch die weiteren Tonarten mit Kreuz-Vorzeichen.
Mit dem Merksatz – **G**eh **D**u **A**lter **E**sel **H**ol **Fis**che – könnt ihr herausfinden, wie viele Kreuz-Vorzeichen z. B. A-Dur hat oder wie z. B. die Dur-Tonleiter mit vier Kreuzen heißt.

Geh -Dur	**D**u -Dur	**A**lter -Dur	**E**sel -Dur	**H**ol -Dur	**Fis**che -Dur
 *fis*	 *fis, cis*	 *fis, cis, gis*	 *fis, cis, gis, dis*	 *fis, cis, gis, dis, ais*	 *fis, cis, gis, dis, ais, eis*

Die Tonabstände innerhalb einer Dur-Tonleiter stimmen automatisch, wenn man am Anfang der Notenzeile hinter dem Notenschlüssel die der Tonart entsprechende Anzahl von Versetzungszeichen schreibt. Die Namen der jeweiligen Versetzungszeichen und ihre genaue Lage muss man sich allerdings auswendig merken.

1. *Schreibt in die leeren Taktkästchen des oberen Notensystems jeweils die vier Kreuz-Vorzeichen fis, cis, gis, dis nach dem angegebenen Muster.*
2. *Notiert dann in die leeren Notenzeilen darunter eine A- und eine E-Dur-Tonleiter: Schreibt dazu zunächst jeweils einen Violinschlüssel und dahinter die entsprechenden Vorzeichen für A- bzw- E-Dur. Zum Schluss müsst ihr natürlich noch die Töne von a'– a" bzw. e'– e" notieren.*
3. *Bezeichnet die Halbtonschritte dieser Tonleitern mit einer spitzen Klammer über den Noten. Vergleicht die Lage der Halbtonschritte mit dem Modell der Dur-Tonleitern (Buch S. 274).*

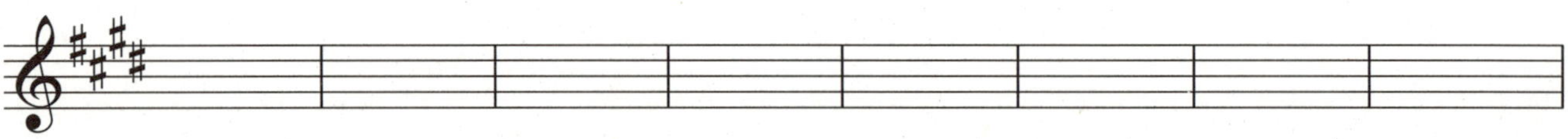

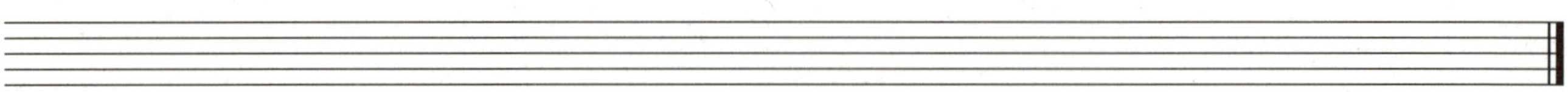

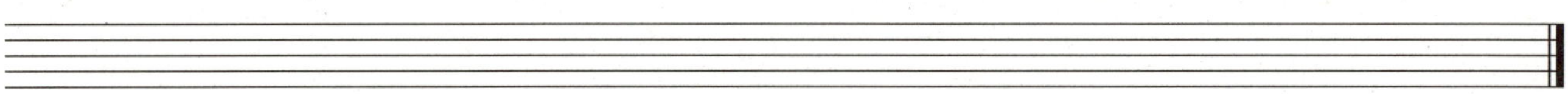

Klaviersonate A-Dur KV 331 (Beginn des Themas)

Wolfgang Amadeus Mozart (1756–1791)
Textierung und Bearbeitung: Jörg Breitweg

Morgenstimmung aus der Peer-Gynt-Suite Nr. 1 op. 46 (Thema)

Edvard Grieg (1843–1907)
Textierung und Bearbeitung: Jörg Breitweg

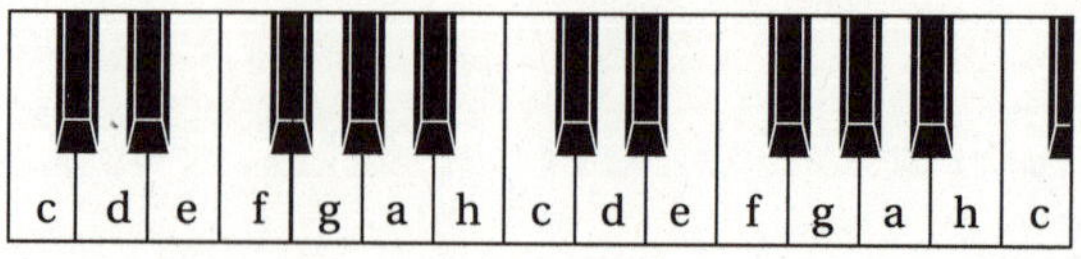

Weitere B-Tonleitern: Es-Dur und As-Dur

Buch S. 274 f.

Das folgende Schema zeigt euch die weiteren Tonarten mit b-Vorzeichen.
Mit dem Merksatz – **F**rische **B**rötchen **Es**sen **As**se **Des** **Ges**angs – könnt ihr herausfinden, wie viele b-Vorzeichen z. B. Es-Dur hat oder wie z. B. die Dur-Tonleiter mit vier b-Vorzeichen heißt.

Frische -Dur	**B**rötchen -Dur	**Es**sen -Dur	**As**se -Dur	**Des** -Dur	**Ges**angs -Dur
b	b, es	b, es, as	b, es, as, des	b, es, as, des, ges	b, es, as, des, ges, ces

Auch bei den Dur-Tonleitern mit b-Vorzeichen stimmen die Tonabstände automatisch, wenn man am Anfang der Notenzeile hinter dem Notenschlüssel die der Tonart entsprechenden Versetzungszeichen schreibt.

1. *Schreibt in die leeren Taktkästchen des oberen Notensystems jeweils die vier b-Vorzeichen b, es, as, des nach dem angegebenen Muster.*
2. *Notiert dann in die leeren Notenzeilen darunter eine Es- und eine As-Dur-Tonleiter: Schreibt dazu zunächst jeweils einen Violinschlüssel und dahinter die entsprechenden Vorzeichen für Es- bzw. As-Dur. Zum Schluss müsst ihr natürlich noch die Töne von es'– es" bzw. as'– as" notieren.*
3. *Bezeichnet die Halbtonschritte dieser Tonleitern mit einer spitzen Klammer über den Noten. Vergleicht die Lage der Halbtonschritte mit dem Modell der Dur-Tonleitern (Buch auf S. 274).*

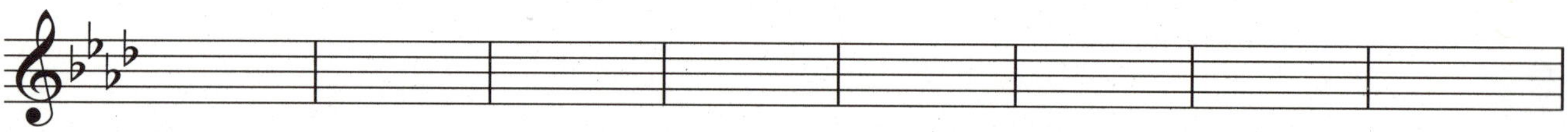

Platz zum Aufschreiben von Melodie-Diktaten oder eigenen Melodien:

Sinfonie Nr. 103 Es-Dur (Hauptthema)

Joseph Haydn (1732–1809)
Textierung und Bearbeitung: Jörg Breitweg

Impromptu As-Dur op. 142 (Beginn)

Franz Schubert (1797–1828)
Textierung und Bearbeitung: Jörg Breitweg

Im Notentext beider Kompositionen finden sich tonleiterfremde Töne – markiert sie mit einem Kreuz.

Die a-Moll-Tonleiter

Buch S. 276

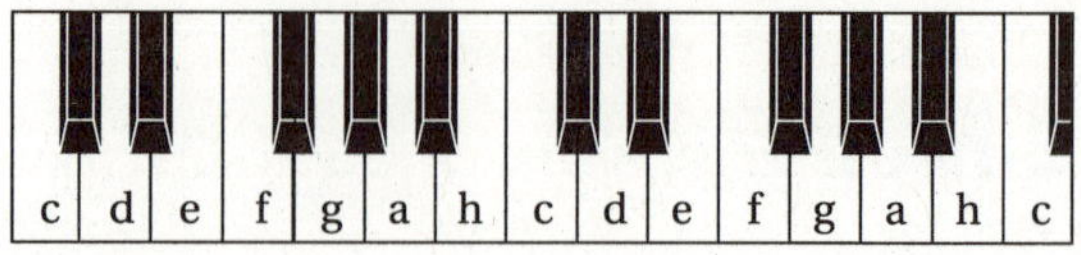

1. *Notiert die Töne der Stimme 1 (rot) des Songs »Das Gerücht« (S. 23) als Tonleiter aufwärts in Viertelnoten in die ersten beiden Takte der unten stehenden Notenzeile. Notiert dann die Töne der Stimme 2 (grün) als Tonleiter abwärts in Viertelnoten in die Takte drei und vier der unten stehenden Notenzeile.*
2. *Bezeichnet die Halbtonschritte in beiden Tonleitern mit einer spitzen Klammer über den Noten. Vergleicht die Lage der Halbtonschritte mit dem Modell der Dur-Tonleitern (Buch S. 274). Spielt und singt anschließend beide Tonleitern.*

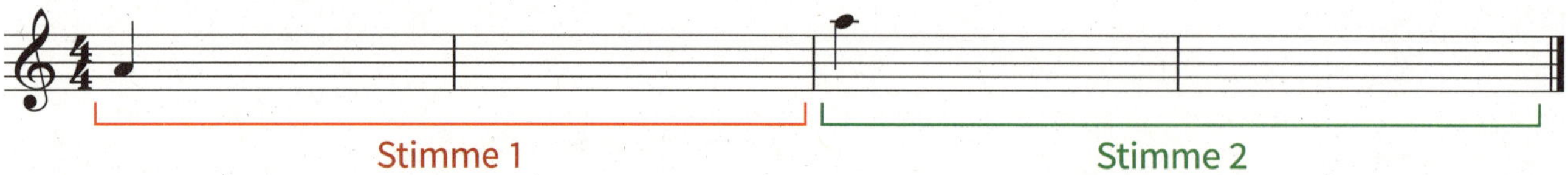

3. *Ergänzt die fehlenden Versetzungszeichen in der unten stehenden Melodie in a-Moll.*

4. *Erfindet eine eigene Melodie in a-Moll und spielt oder singt sie.*

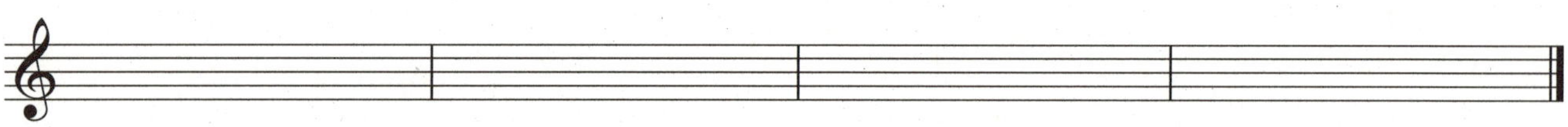

5. *Die Lehrerin/der Lehrer spielt euch Tonleitern oder kurze Melodien in Dur oder Moll vor – kreuzt das jeweils erklingende Tongeschlecht in der Tabelle an.*

	1	2	3	4	5	6	7	8	9	10	11	12	13	14	15
Dur															
Moll															

6. *Musiziert die einzelnen Stimmen des Songs »Das Gerücht« und erstellt dann ein **Arrangement**, indem ihr in der Tabelle ankreuzt, welche Stimmen jeweils zusammenspielen sollen (eine Tabellenspalte entspricht einem viertaktigen Durchgang). Musiziert euer Arrangement!*

	1	2	3	4	5	6	7	8	9	10	11	12	13	14	15
Riff															
Stimme 1															
Stimme 2															
Rap															
Percussion															
Akkorde															
Bass															

Das Gerücht

Jörg Breitweg

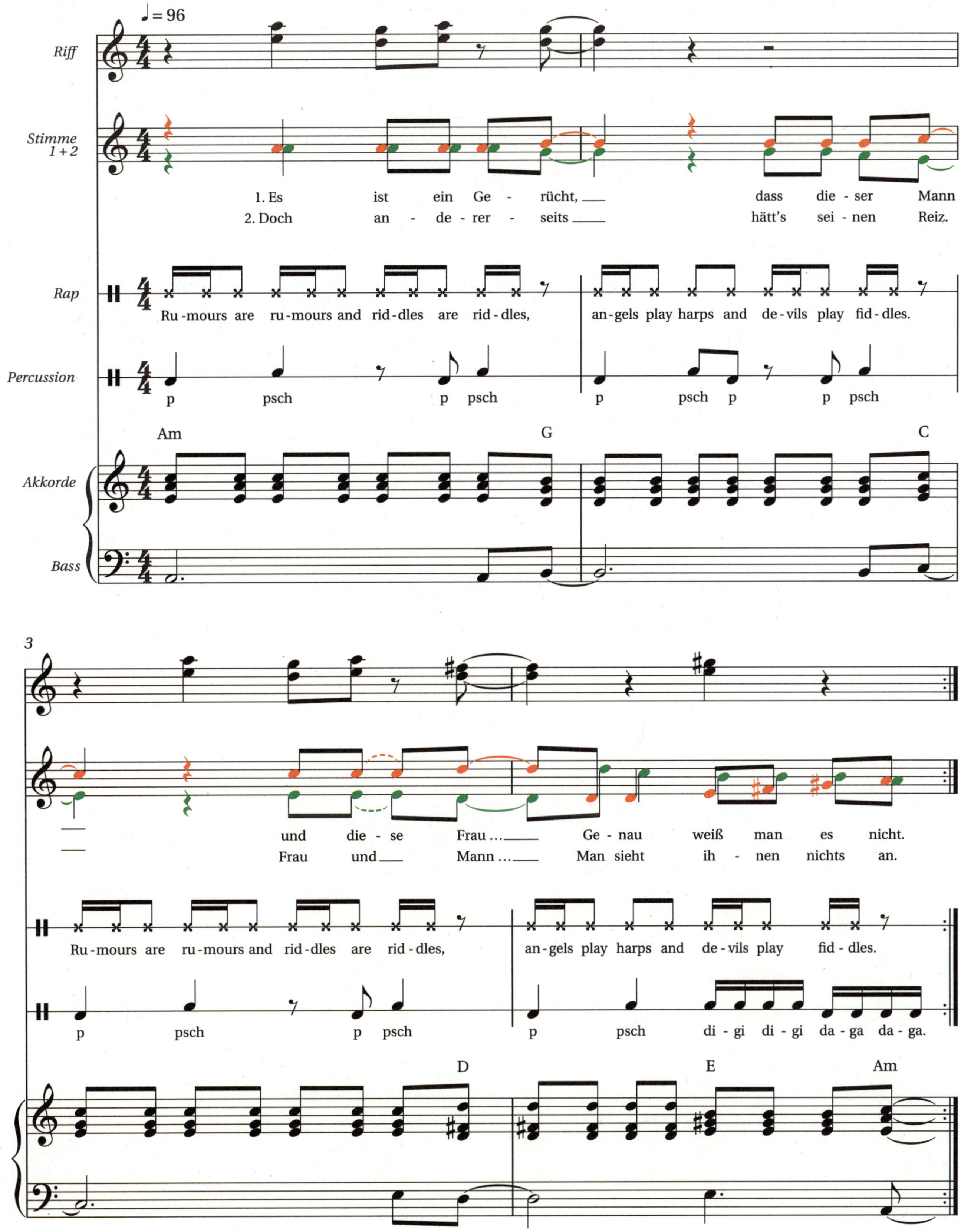

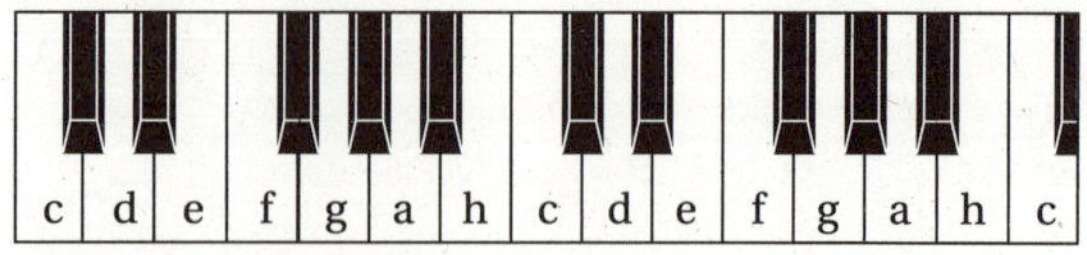

Weitere Moll-Tonleitern

1. *Notiert entsprechend der a-Moll-Tonleiter auf S. 22 eine d- und eine e-Moll-Tonleiter auf- und abwärts in Viertelnoten.*
2. *Bezeichnet die Halbtonschritte in diesen Tonleitern mit spitzen Klammern über den Noten.*
3. *Spielt und singt die Tonleitern.*

d-Moll

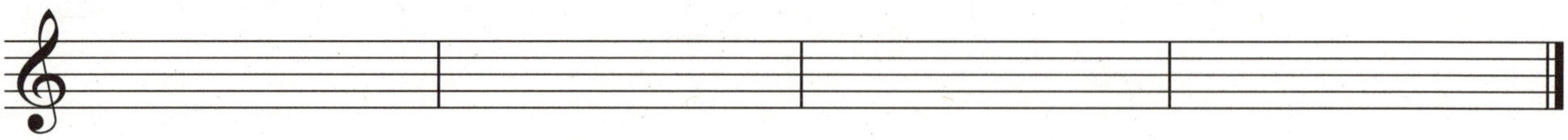

e-Moll

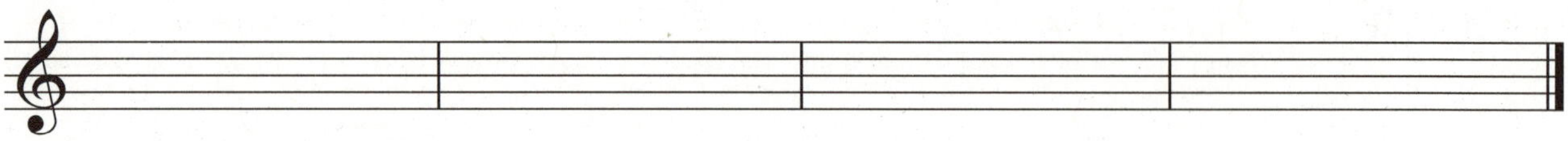

Zu jeder Dur-Tonleiter gehört eine Moll-Tonleiter, die die gleichen General-Vorzeichen (Buch S. 273) hat und dadurch die gleichen Töne benutzt. Diese beiden Tonarten nennt man Paralleltonarten. Die Moll-Tonleiter liegt dabei immer eine kleine Terz tiefer als die zu ihr parallele Dur-Tonleiter (z. B. C-Dur und a-Moll).

4. *Schreibt nach dem Vorbild von C-Dur und a-Moll die parallele Moll-Tonleiter zu der angegebenen G-Dur-Tonleiter.*

C-Dur

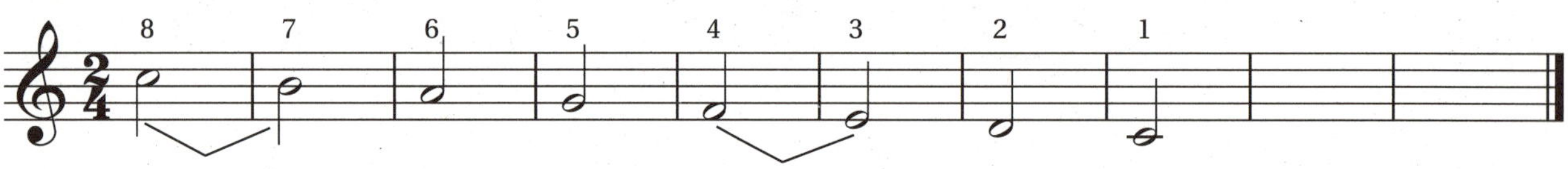

a-Moll

G-Dur

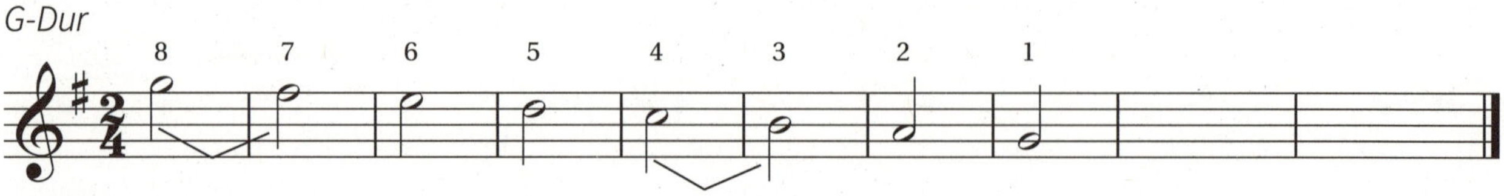

Die Moldau (Thema e-Moll)

Bedřich Smetana (1824–1884)
Texteirung und Bearbeitung: Jörg Breitweg

Sinfonie Nr. 1, 3. Satz d-Moll (Beginn)

Gustav Mahler (1860–1911)
Texteirung und Bearbeitung: Jörg Breitweg

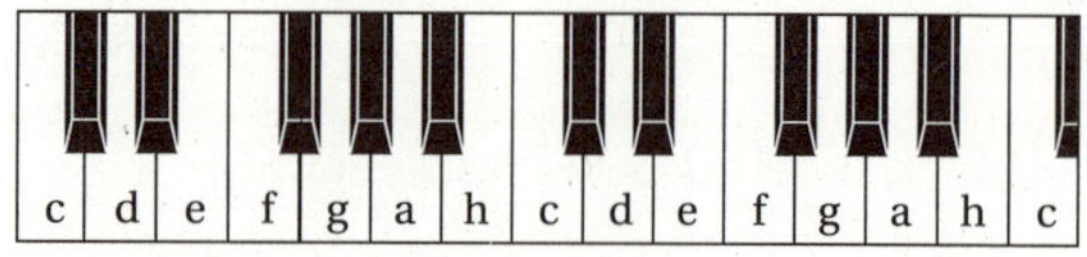

Chromatische Tonleiter und Ganztonleiter

Buch S. 278

1. *Singt die folgenden Tonleitern aufwärts und abwärts unisono zur Klavierbegleitung einige Male auf die Silbe »no«. Ergänzt anschließend die richtigen Tonnamen, singt die Tonleitern mit den Tonnamen auf- und abwärts und zeigt dabei mit einem Stift auf der Tastatur mit.*

Chromatische Tonleiter von c' aufwärts

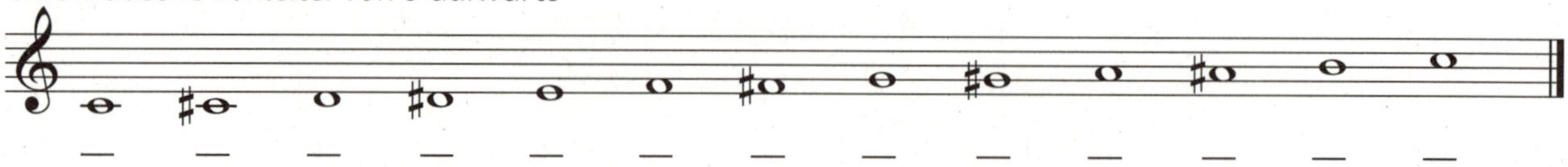

Chromatische Tonleiter von c'' abwärts

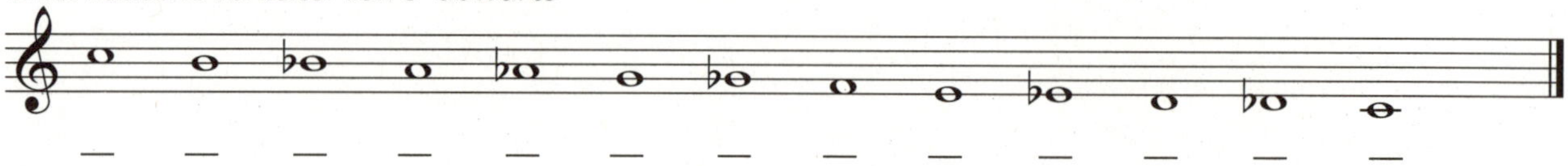

Ganztonleiter auf c'

2. *Transponiert die Ganztonleiter aus Aufgabe 1 einen Ganzton höher und singt sie mit dem Klavier.*

Ganztonleiter von d' aufwärts

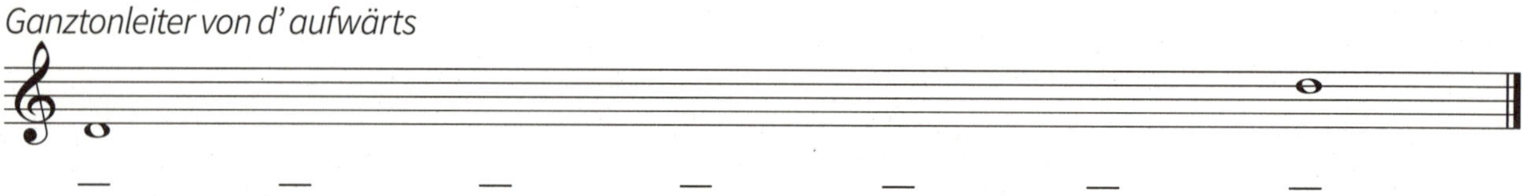

3. *Musiziert den etwas vereinfachten Beginn des Klavierstücks* »**Cloches à travers les feuilles**« *(»Glocken klingen durch Blätter«) von* CLAUDE DEBUSSY *(1862–1918). Zeigt, wie* DEBUSSY *den Titel musikalisch umsetzt: Welche der beiden neuen Tonleitern verwendet er? Welche Stimmung wird dadurch erzeugt?*

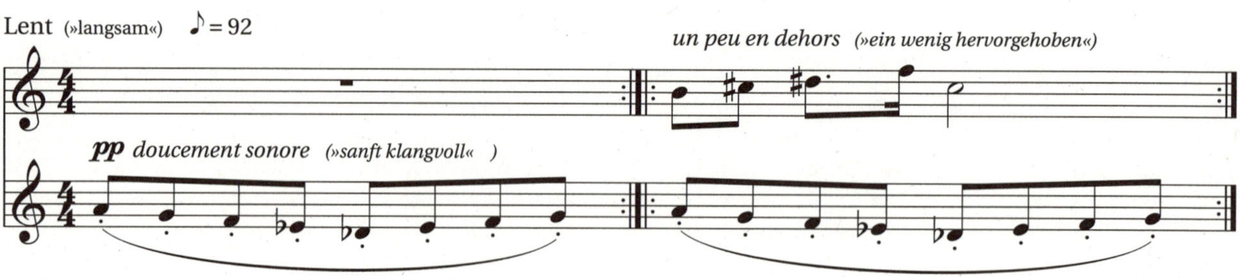

4. *Kreuzt in der Tabelle an, ob der jeweils erklingende viertönige Ausschnitt aus der chromatischen Tonleiter oder aus einer Ganztonleiter stammt.*

	1	2	3	4	5	6	7	8	9	10
Chromatische Tonleiter										
Ganztonleiter										

Willkommen im Dschungel!

Im Dschungel seltene Pflanzen entdecken? Kein Problem mit Fadsch al-Marani, dem erfahrenen Dschungelführer! Auf Baumstümpfen hat er Beobachtungspunkte eingerichtet, von denen aus man die Pflanzen bewundern kann:

Mithilfe der Töne der Zauberflöte, des Baumxylophons oder der Lianenleier lotst er die Dschungelbesucher (dargestellt durch Spielfiguren, Münzen, Papierschnipsel o. Ä.) vom Startpunkt (»Tigergras«) über den Rundweg nach folgenden **Regeln** zu den einzelnen Pflanzen:

1. Sollen die Besucher rasch vorankommen (also in Ganztonschritten), spielt Fadsch einen **viertönigen Ausschnitt** aus einer **Ganztonleiter**. Man bewegt sich dann **vier Felder in Pfeilrichtung vorwärts.**
2. Soll es hingegen langsamer vorwärtsgehen (also in Halbtonschritten), erklingt ein **viertöniger Ausschnitt** aus einer **chromatischen Tonleiter**. Dann geht es lediglich **zwei Felder in Pfeilrichtung vorwärts.**

Aufgabe

Nennt den Namen der exotischen Pflanze (Affenpalme, Papageiengras, Tigerblume usw.), die auf dem jeweils erreichten Zielfeld auf die Besucher wartet.
Richtig spannend wird es, wenn Fadsch zwei (oder sogar noch mehr) Viertonausschnitte nacheinander spielt, ohne dass dazwischen das jeweils erreichte Feld genannt wird! Erst am Schluss wird aufgelöst, bei welcher Pflanze die Dschungelbesucher schließlich gelandet sind.

Überlegt vor Beginn des Spiels, ob ihr es alle zusammen oder in kleinen Gruppen spielen wollt und wer die Rolle von Fadsch al-Marani übernehmen soll – jemand aus eurer Klasse bzw. aus eurer Gruppe oder eure Lehrerin / euer Lehrer? Viel Spaß!

Tipp: Mit den Tönen der Ganztonleiter und der chromatischen Tonleiter könnt ihr auch eure eigene exotische Dschungelmusik gestalten.

Intervalle und Dreiklänge

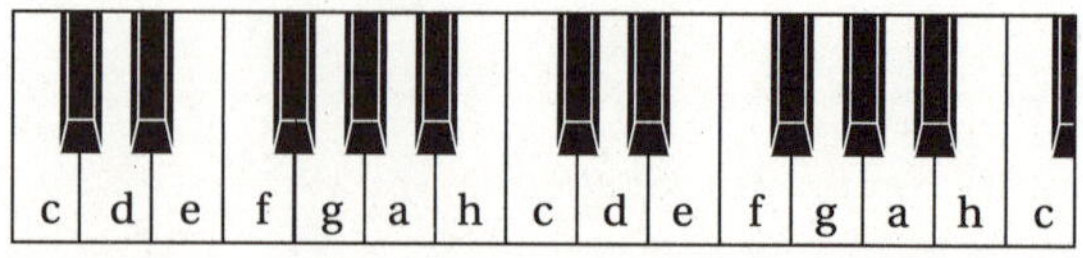

Sexte und Septime Buch S. 282–283

1. *Zu Beginn eine kleine Wiederholung der Intervallbezeichnungen: Singt die folgende Melodie auf Solmisationssilben (c' = do). Ergänzt dann passend zum jeweiligen Intervall in der Melodie die fehlenden Intervallnamen (Kurzbezeichnungen)* Sept, Quart, Prim, Oktav, Terz, Sext, Sekund, Quint *(pro Strich eine Wortsilbe eintragen!) und singt die Melodie auf den vervollständigten Text.*

2. *Die Lehrerin/der Lehrer spielt euch zuerst Sexten und danach Septimen vor (beide Intervalltöne erklingen dabei nacheinander) – spielt oder singt diese nach. Dann hört ihr entweder eine Sexte oder eine Septime – haltet euer Hörergebnis durch Ankreuzen in der Tabelle fest.*

	1	2	3	4	5	6	7	8	9	10	11	12	13	14	15
Sexte															
Septe															

3. *Findet alle Sexten und Septimen in der Begleitstimme von »Einmal Himmel und zurück« (S. 29) und schreibt die richtige Bezeichnung über die Intervalle (Sexte = 6, Septime = 7).*

4. *Bestimmt, ob es sich bei den folgenden Intervallen jeweils um eine* **große** *oder eine* **kleine Sexte** *handelt. Dies geht am einfachsten, indem ihr das jeweilige* **Komplementärintervall** *genau bestimmt, das die Sexte zur Oktave ergänzt (in diesem Fall die Terz). Notiert dazu jeweils die Oktave zum unteren Ton über das Intervall. Handelt es sich beim oberen Intervall um eine kleine Terz (k3), so liegt beim unteren eine große Sexte (g6) vor; handelt es sich hingegen um eine große Terz (g3), so steht unten eine kleine Sexte (k6). Nehmt dabei die Tastatur (s. o.) zu Hilfe.*

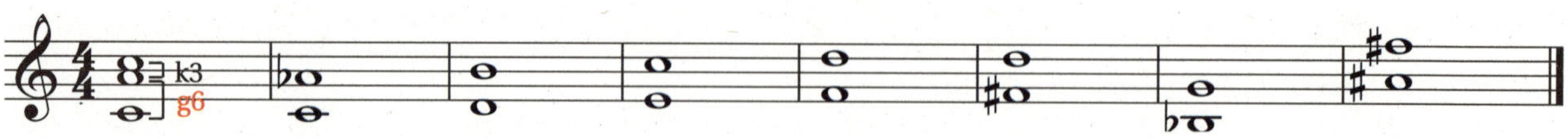

5. *Bestimmt, ob es sich bei den folgenden Intervallen jeweils um eine* **große** *oder eine* **kleine Septime** *(g7 oder k7) handelt. Geht dabei genauso vor wie in Aufgabe 4. Das Komplementärintervall ist in diesem Fall eine kleine oder große Sekunde (k2 oder g2).*

Einmal Himmel und zurück

Jörg Breitweg

Hauptdreiklänge in Dur Buch S. 286

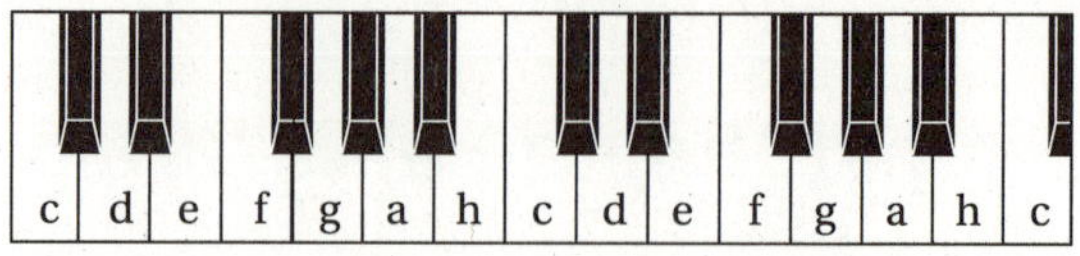

1. *a) Markiert die Hauptdreiklänge in C-Dur: I. Stufe (Tonika), IV. Stufe (Subdominante), V. Stufe (Dominante).*
b) Notiert über jedem Ton der F-Dur-Tonleiter die leitereigenen Dreiklänge (vgl. Beispiel a). Markiert anschließend die Hauptdreiklänge in F-Dur.

a) C-Dur *b) F-Dur*

2. *c) Notiert die Hauptdreiklänge in G-Dur und D-Dur und ergänzt Stufenbezeichnungen und Dreiklangsnamen.*

c) G-Dur *D-Dur*

I (G-Dur) IV (-Dur) V (-Dur) I (-Dur)

3. *Zur Wiederholung: Bildet die noch fehlenden Umkehrungen (Buch S. 285) der Hauptdreiklänge in F-Dur und G-Dur und schreibt sie in die leeren Takte.*

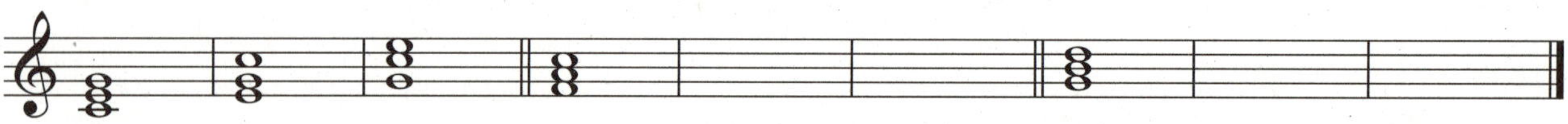

4. *Der »Passamezzo moderno« (ein Tanzmodell, das vor ca. 500 Jahren sehr populär war) besteht aus Hauptdreiklängen. Spielt oder singt die folgende Fassung in C-Dur und tragt die Stufenbezeichnungen der Dreiklänge samt Tonart in das Taktschema ein.*

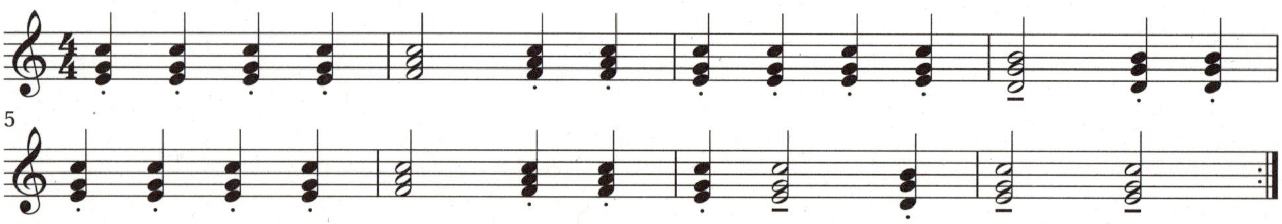

Takt	1	2	3	4	5	6	7	8
Stufe								
Tonart								

5. *Findet eine passende Begleitstimme bestehend aus den Hauptdreiklängen in C-Dur in Halben Noten. Die jeweiligen Melodietöne müssen im Begleitdreiklang enthalten sein.*

Prélude aus dem Te Deum (Beginn)
(Originaltonart D-Dur)

Musik: Marc Antoine Charpentier (1643–1704)
Textierung und Bearbeitung: Jörg Breitweg

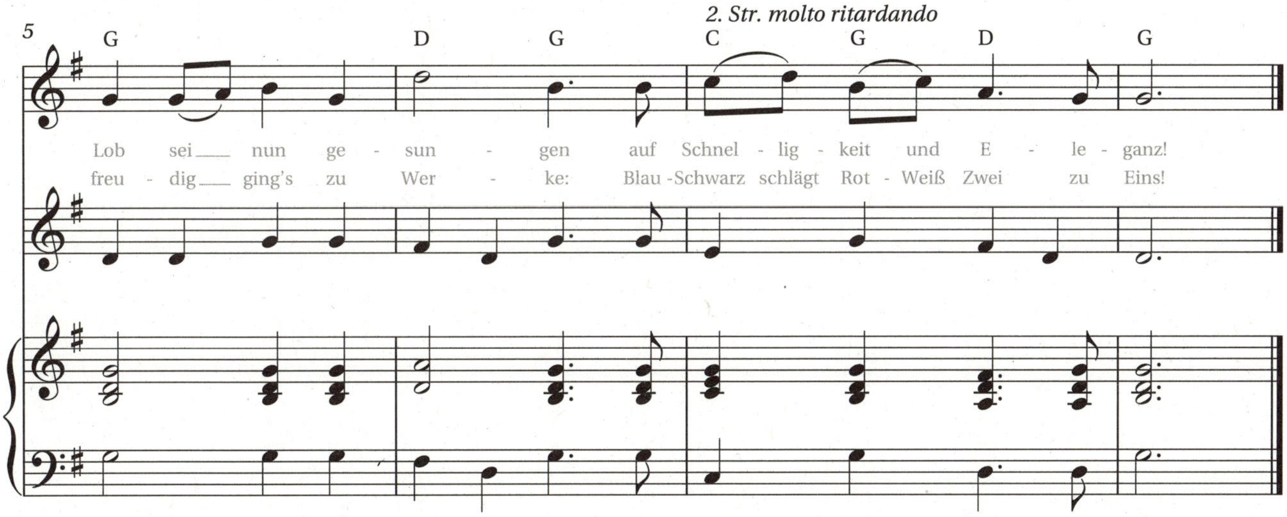

Die Dur-Kadenz Buch S. 286

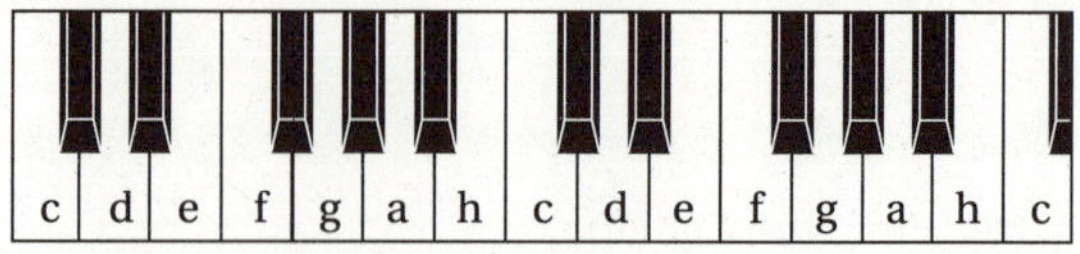

1. *Eure Lehrerin / euer Lehrer spielt euch Kadenzen, also Hauptdreiklänge in der Reihenfolge* ***T****onika (I. Stufe) –* ***S****ubdominante (IV. Stufe) –* ***D****ominante (V. Stufe) –* ***T****onika (I. Stufe) jeweils in der Grundstellung vor. Prägt euch diesen Klangverlauf ein.*
Hörquiz: *In manchen der folgenden Kadenzen mit Grundstellungs-Dreiklängen verändert eure Lehrerin/euer Lehrer die Reihenfolge (statt T – S – D – T erklingt z. B. T – D – S – T). Kreuzt an, ob die Kadenz-Dreiklänge in der normalen oder einer veränderten Abfolge gespielt wurden. Falls ihr sogar die genaue Reihenfolge der Dreiklänge einer Kadenz erkennt, könnt ihr auch diese in das entsprechende Tabellenfeld eintragen.*

Kadenz	1	2	3	4	5	6	7	8	9	10
normal										
verändert										

2. *Notiert Kadenzen in den angegebenen Tonarten und verwendet hierfür Grundstellungsdreiklänge in Ganzen Noten – vergesst nicht die zur jeweiligen Tonart passenden Vorzeichen zu Beginn jeder Kadenz!*

C-Dur *F-Dur*

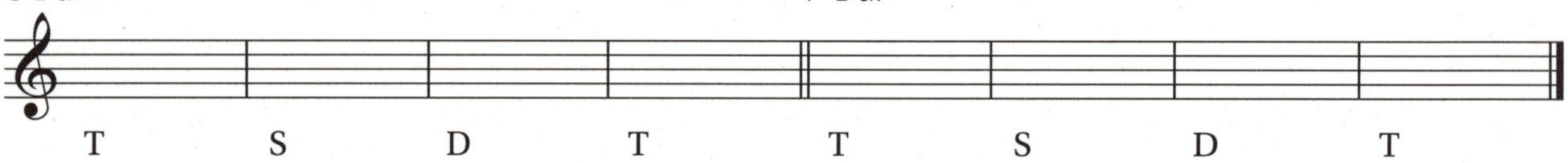

G-Dur *D-Dur*

3. *Verwendet man in Kadenzen ausschließlich Grundstellungs-Dreiklänge, hat man beim Musizieren oft große Sprünge zu meistern. Ersetzt man hingegen manche Grundstellungen durch deren Umkehrungen, bewegt man sich viel bequemer schrittweise oder in kleinen Sprüngen von Dreiklang zu Dreiklang. Meist ist es dabei sinnvoll, gemeinsame Töne beizubehalten:*

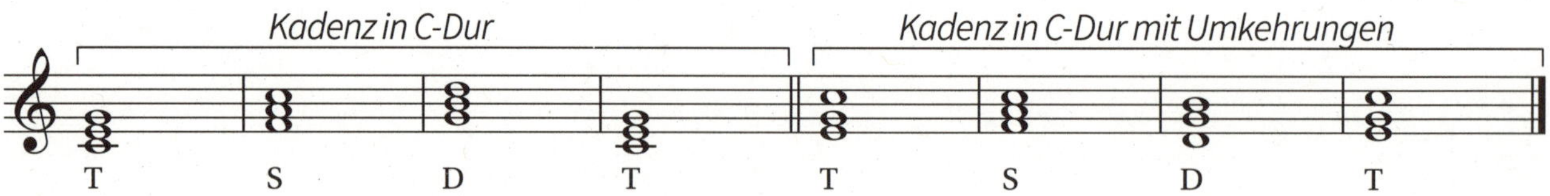

Probiert dies beim Ergänzen der fehlenden Dreiklänge aus. Lasst euch die Beispiele anschließend vorspielen oder musiziert sie selbst.

C-Dur *F-Dur*

G-Dur *D-Dur*

Bluveno – Von der Kadenz zum Werbe-Jingle

Bluveno – ein exotisches Getränk? Eine Cabrio-Sonderedition? Oder ein neues Waschmittel? Sucht zu diesem Namen ein passendes Produkt und erfindet dafür auf der Grundlage einer Kadenz einen Werbe-Jingle (eine kurze, einprägsame Melodie) mit einem Slogan (vgl. fertiges Beispiel auf der Seite unten).

1. *Wählt eine der Kadenzen mit Umkehrungen aus der Aufgabe 3 auf S. 32 aus und tragt sie zweimal nacheinander in das Notensystem »Kadenz« ein. Musiziert bzw. singt sie anschließend (z. B. auf die Silbe »no«).*

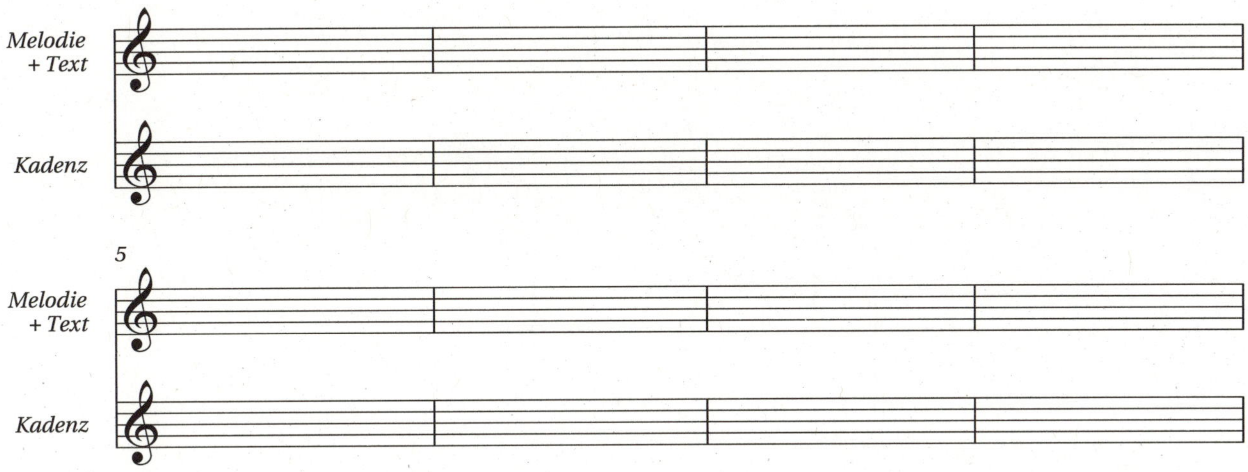

2. *Eine zur Kadenz passende Melodie findet ihr, indem ihr aus jedem der Dreiklänge einen Ton auswählt. Verbindet diese Tonfolge durch Bleistiftstriche (vgl. Beispiel) und probiert die so entstandene Melodie aus (z. B. durch Singen auf die Silbe »no«). Sobald ihr mit dem Verlauf der Melodie einverstanden seid, könnt ihr deren Tonfolge in das Notensystem »Melodie + Text« übertragen (Bleistift verwenden!).*

3. *Nun fehlt nur noch ein Werbe-Slogan für Bluveno, der das Produkt, dessen Namen und seine besonderen Vorzüge anpreist. Erfindet zwei Textverse und probiert sie zusammen mit eurer Melodie aus. Ordnet die Textabschnitte eures Slogans den Tönen der Melodie zu; notiert den Text dementsprechend unter den jeweiligen Melodietakten.*

4. *Verändert abschließend den Rhythmus eurer Melodie passend zum Text (Empfehlung: eine Note pro Textsilbe). Eure Lehrerin / euer Lehrer unterstützt euch bei diesem Schritt.*

Beispiel für einen Werbe-Jingle samt Slogan

Der Moll-Dreiklang Buch S. 287

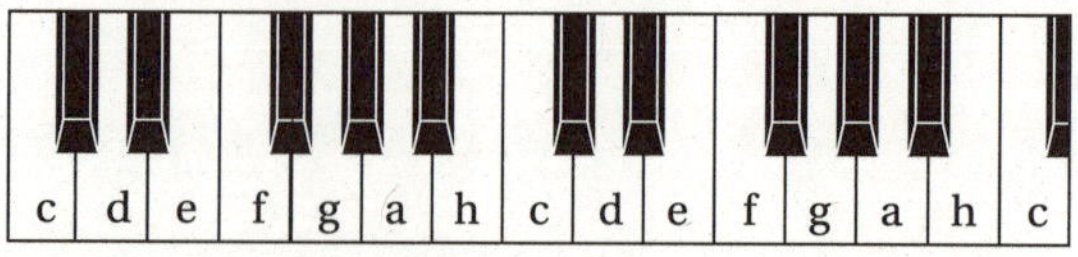

1. *a) Bildet Moll-Dreiklänge in der Grundstellung, indem ihr über den gegebenen Grundton noch den Terzton (kleine Terz) und den Quintton (reine Quinte) schreibt.*

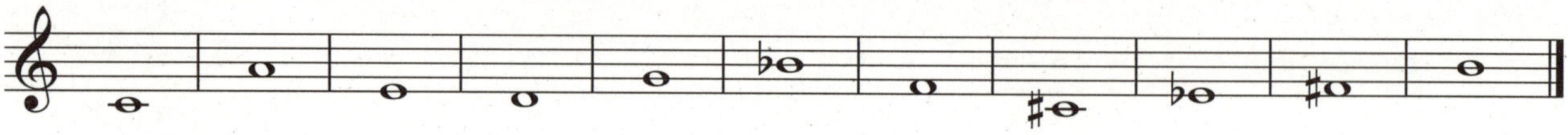

b) Spielt die Dreiklänge auf Instrumenten, z. B. auf Stabspielen oder auf dem Klavier, oder singt sie auf Tonsilben.

2. *a) Ihr hört einen Dreiklang vom Klavier. Danach wird noch einer der drei Dreiklangstöne angeschlagen. Nennt diesen Ton (Grundton, Terzton oder Quintton) oder singt ihn.*
b) Ihr hört, wie Dreiklangstöne vom Klavier nacheinander gespielt werden. Anschließend wird einer der drei Dreiklangstöne verändert; stellt fest, um welchen Ton es sich dabei handelt (Grundton, Terz oder Quinte).
c) Kreuzt in der folgenden Tabelle an, ob es sich um einen Moll-, einen Dur- oder einen anderen Dreiklang handelt:

Moll-Dreiklang									
Dur-Dreiklang									
anderer Dreiklang									

Umkehrungen des Moll-Dreiklangs Buch S. 285

1. *Schreibt Moll-Dreiklänge in Grundstellung und 1. und 2. Umkehrung (G = Grundstellung, 1. U. = 1. Umkehrung, 2. U = 2. Umkehrung).*

2. *Bestimmt die folgenden Dreiklänge und bezeichnet sie. Achtung: Es können auch Dur-Dreiklänge dabei sein! Bestimmt auch hier die Umkehrungen:*

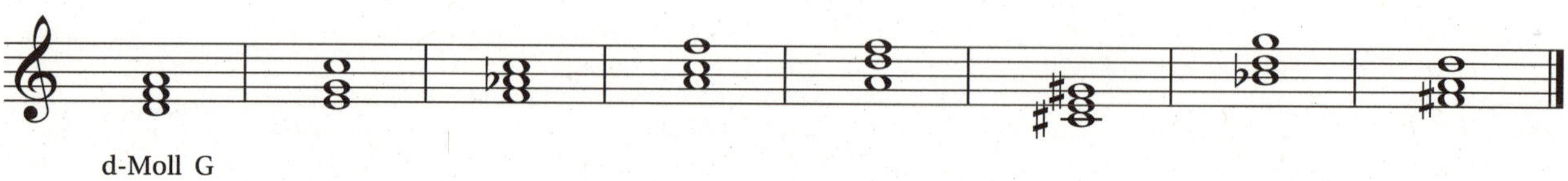

3. *a) Achtet einmal auf die Melodie eures Pausengongs und singt oder spielt dessen Tonfolge nach. Könnt ihr die Töne eines Dur- oder Moll-Dreiklangs erkennen?*
b) Komponiert selbst eine kleine Melodie für den Pausengong. Sie darf gerne etwas länger und origineller als euer Schulgong sein! Experimentiert dazu in kleinen Gruppen mit den Tönen von Dur- und Molldreiklängen und berücksichtigt dabei auch die Umkehrungen.

Marche funèbre – Trauermarsch aus der Klaviersonate Nr. 2 op. 35, 3. Satz

Frédéric Chopin (1810–1849)

Tipp: Die Melodiestimme des Trauermarschs kann auch auf Silbe (z. B. »dum«) gesungen werden.

Aufgabe

Bestimmt im Notentext die markierten Dreiklänge und die jeweiligen Umkehrungen:

Takt 5:

Takt 7:

Haupt- und Nebendreiklänge in Dur Buch S. 286

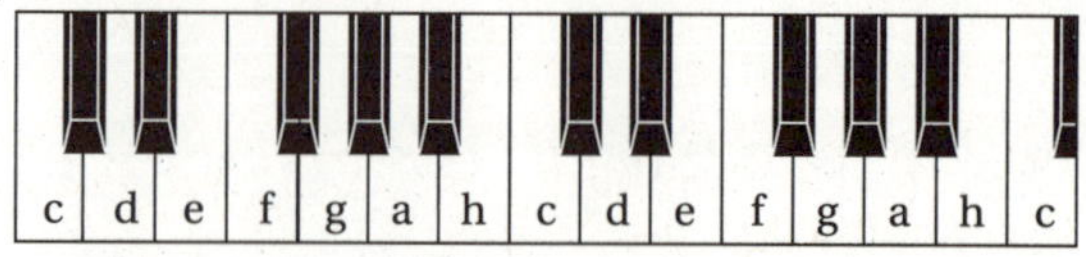

1. *Die leitereigenen Dreiklänge der Dur-Tonleiter unterscheiden sich durch ihr Tongeschlecht: Hauptdreiklänge stehen in Dur, Nebendreiklänge in Moll. Kreuzt beim Hören die jeweils richtige Dreiklangs-Art an.*

Achtung: *Einer der leitereigenen Dreiklänge, der verminderte Dreiklang, entspricht weder Dur noch Moll – kreuzt auch ihn an, wenn er erklingt, und beschreibt seinen besonderen Klang.*

Dreiklang	1	2	3	4	5	6	7	8	9	10	11	12
Hauptdreiklang												
Nebendreiklang												
Verminderter Dreiklang												

2. *Markiert die Haupt- und Nebendreiklänge sowie den verminderten Dreiklang jeweils mit einer eigenen Farbe. Erklärt anhand seines Aufbaus, weswegen der verminderte Dreiklang weder in das Dur- noch in das Moll-Schema passt.*

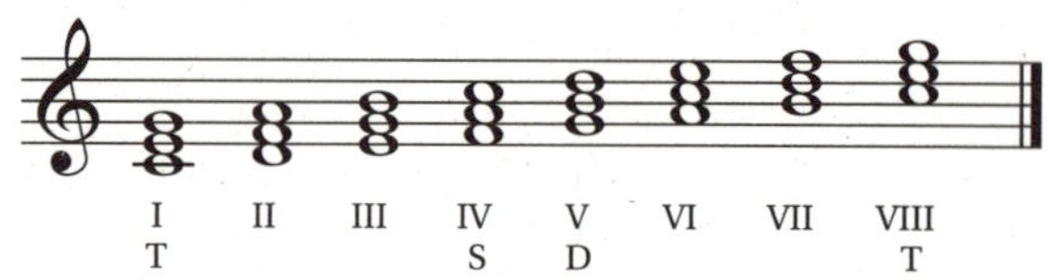

3. *Notiert zu jedem der angegebenen Dreiklänge den dazugehörigen parallelen Dreiklang (Tonikaparallele = Tp, Dominantparallele = Dp, Subdominantparallele = Sp) – er steht jeweils eine kleine Terz tiefer. Findet eine zentrale Gemeinsamkeit der Paralleldreiklänge heraus.*

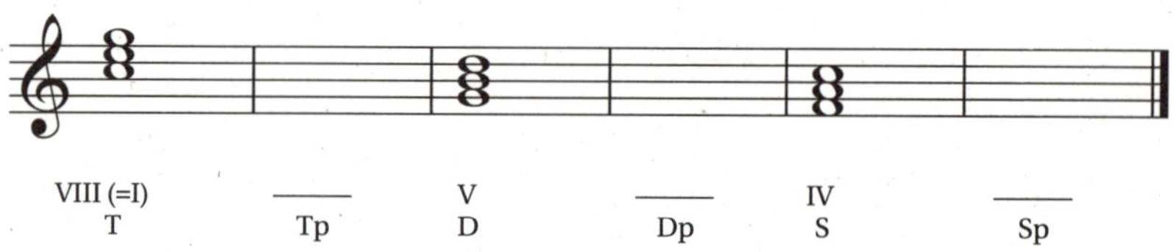

4. Eine kleine Weltraumreisemusik

Den Mittelpunkt des Weltalls der Klänge bildet die Sonne Tonika, die von den Planeten Subdominante und Dominante umkreist wird. Jeder der drei Himmelskörper wird von einem eigenen Parallelmond begleitet. Startet von der Tonika aus zu einer musikalischen Weltraumreise, zeichnet eure Route mit Bleistift ein. Notiert mit den jeweils vorgegebenen Dreiklängen (und deren Umkehrungen) eure Raumreisemusik, nutzt dafür die freien Notensysteme auf den letzten Seiten des Hefts. Jeder Besuch auf einem Planeten oder Mond entspricht der Dauer eines Takts. Wählt eine Taktart und einen Rhythmus (z. B. ♩ ♩ ♩ ♩, ♩. ♩ ♩ ♩, 𝅗𝅥 ♩). Viel Vergnügen beim Musizieren!

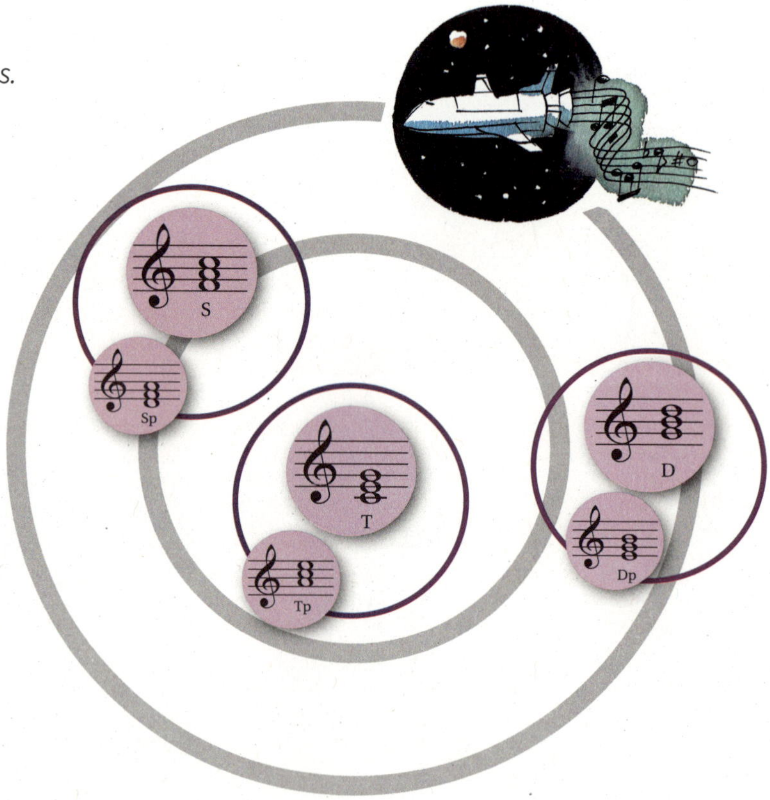

Kanon (Beginn)
(Originaltonart D-Dur)

Johann Pachelbel (1653–1706)

Spielanleitung
Die Klasse wird in so viele Musiziergruppen unterteilt, wie Stimmen gespielt werden sollen.
Variante 1: Jede Gruppe übernimmt eine der Stimmen. Die Gruppe 1 beginnt mit Stimme 1, Gruppe 2 setzt nach vier Takten mit Stimme 2 ein, nach weiteren vier Takten folgt Gruppe 3 mit Stimme 3 usw. Die Takte 1–4 werden solange wiederholt, bis alle beteiligten Stimmen erklingen. Ein Signal leitet den letzten Durchgang und das Ende (Fine) ein.
Variante 2: Jede Gruppe spielt der Reihe nach alle ausgewählten Stimmen und beginnt dann wieder von vorn. Dem Prinzip des Kanons folgend setzen die Gruppen jedoch jeweils um vier Takte versetzt ein. Der Kanon kann auf ein Signal hin mit dem gemeinsamen Schlusstakt (Fine) beendet werden, sobald die letzte Gruppe die letzte Stimme musiziert hat.

Tipp: Der Kanon kann auch auf Silben gesungen werden.

Aufgabe
Die Töne auf den Zählzeiten 1 und 3 bilden jeweils einen der Haupt- oder Nebendreiklänge in C-Dur. Notiert die Bezeichnungen der Dreiklänge in die leeren Kästchen über der Stimme 7.

Schluss mit lustig!

Jörg Breitweg

Ablauf: *Intro (nur Schlagzeug, T. 1–4) – Refrain 1 – Strophe 1 – Refrain 2 – Strophe 2 – Refrain 3 – Refrain 4*

1. *Ergänzt die Noten der Melodiestimmen in Refrain 4, indem ihr dort die Töne der Melodie in transponierter Form (D-Dur!) eintragt.*
2. *Entscheidet, wer den Text der beiden Strophen rappen soll (ein/e Einzelne/r, eine kleine Gruppe?) und wer bzw. welche Gruppe jeweils eine Stimme des Refrains, die Begleitung der gerappten Strophen sowie die Schlagzeug-Stimme (am Drumset oder in Form von Beatboxing) übernimmt. Die Instrumentalbegleitung kann vom Klavier, aber auch von anderen Instrumenten (Gitarre, Bass oder Keyboard, aber auch Stabspiele wie Xylophon, Metallophon oder Klangstäbe) gespielt werden.*

Übungen und Training

Feinbestimmung von Intervallen

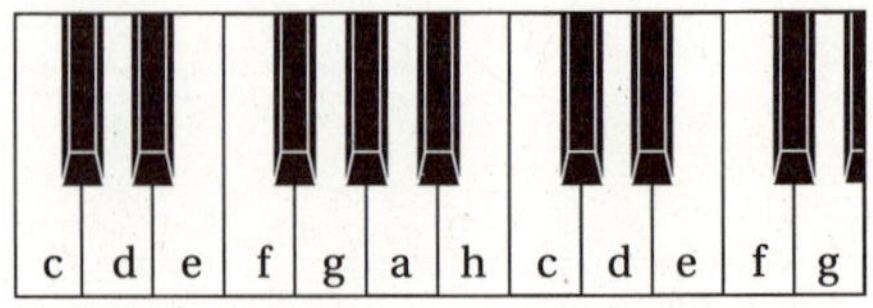

1. *Bestimmt die angegebenen Quarten/Quinten (r4/r5):*

2. *Ergänzt den fehlenden Ton in Pfeilrichtung:*

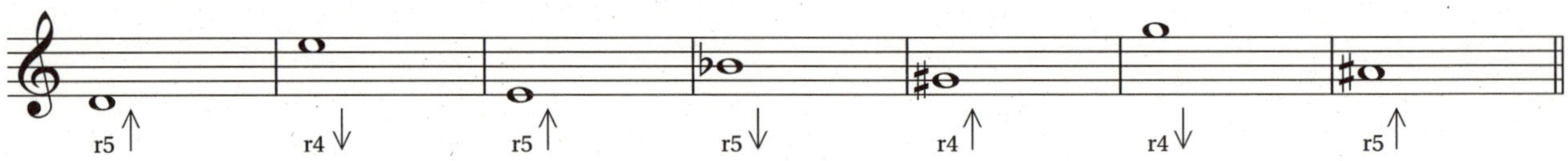

3. *Bestimmt die angegebenen Sexten (k6/g6):*

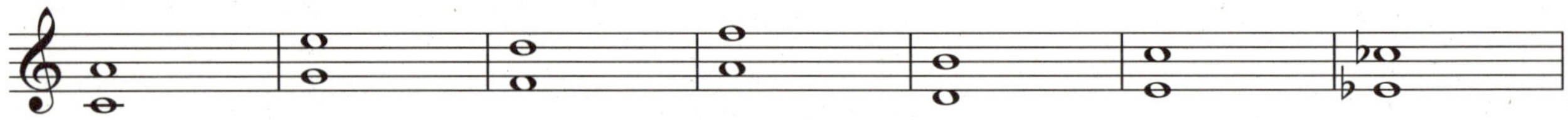

4. *Ergänzt den fehlenden Ton in Pfeilrichtung:*

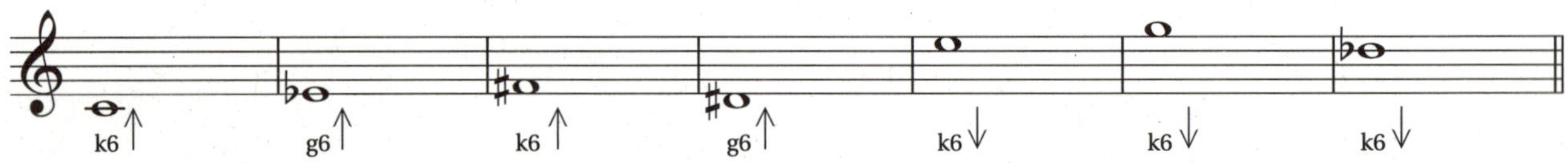

5. *Bestimmt die angegebenen Septimen (k7/g7):*

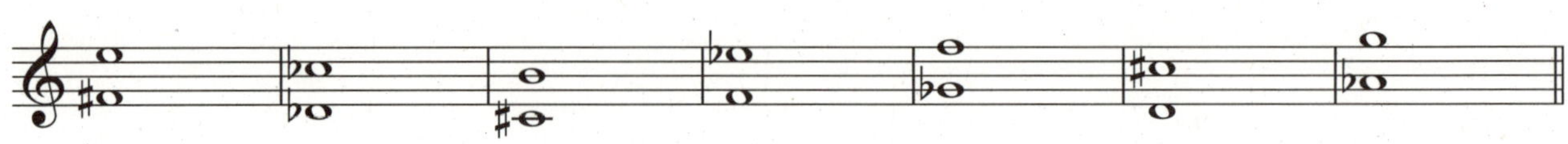

6. *Ergänzt den fehlenden Ton in Pfeilrichtung:*

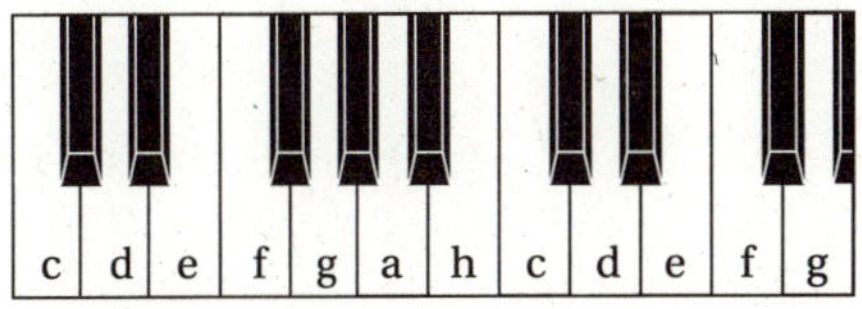

Dur-Dreiklänge

1. *Schreibt über den folgenden Tönen Dur-Dreiklänge in Grundstellung auf und bestimmt sie:*

2. *Bestimmt den Dreiklang und seine Stellung (Grundstellung, 1. oder 2. Umkehrung):*

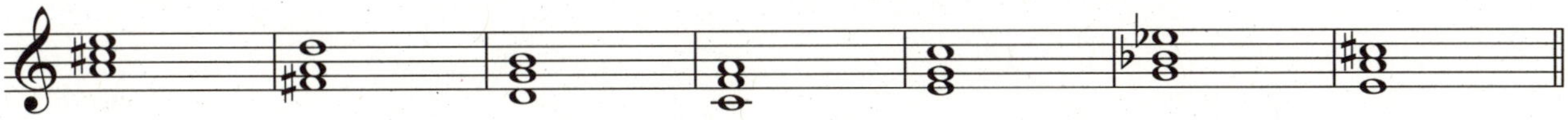

Dreiklänge in Dur und Moll

3. *Bestimmt die folgenden Dreiklänge:*

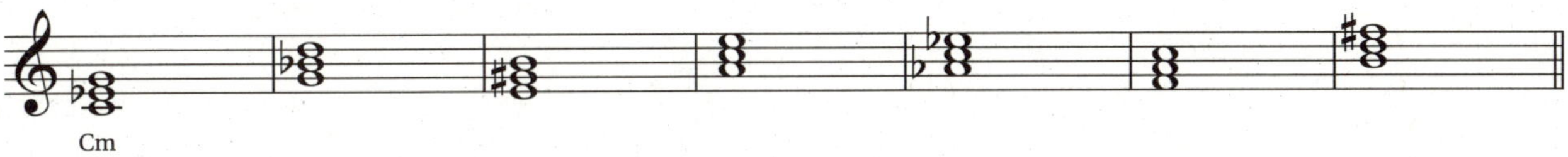

Hörtraining

Mit dieser Tabelle könnt ihr ganz verschiedene Hörübungen machen: Tragt dazu jeweils in das große Feld einer Zeile ein, was ihr hörend unterscheiden wollt, z. B. Dur-/Moll-Dreiklänge (D/m) oder chromatische Tonleiter/Ganztonleiter (ch/gz) oder Intervalle in unterschiedlichen Kombinationen (r1/k2/g2/k3/g3/r4/r5/k6/g6/k7/g7/r8). In die Kästchen unter den Nummern tragt ihr dann ein, was ihr beim jeweiligen Klang gehört habt.

		1	2	3	4	5	6	7	8	Wertung (richtig erkannt)
A										
B										
C										
D										
E										
F										
G										
H										

Trainings-Spiel I (für 2–4 Teilnehmer/innen)

Auf geht's zum musikalischen Abschlusstraining! Ihr benötigt dazu einen Würfel und eine Spielfigur pro Teilnehmer.

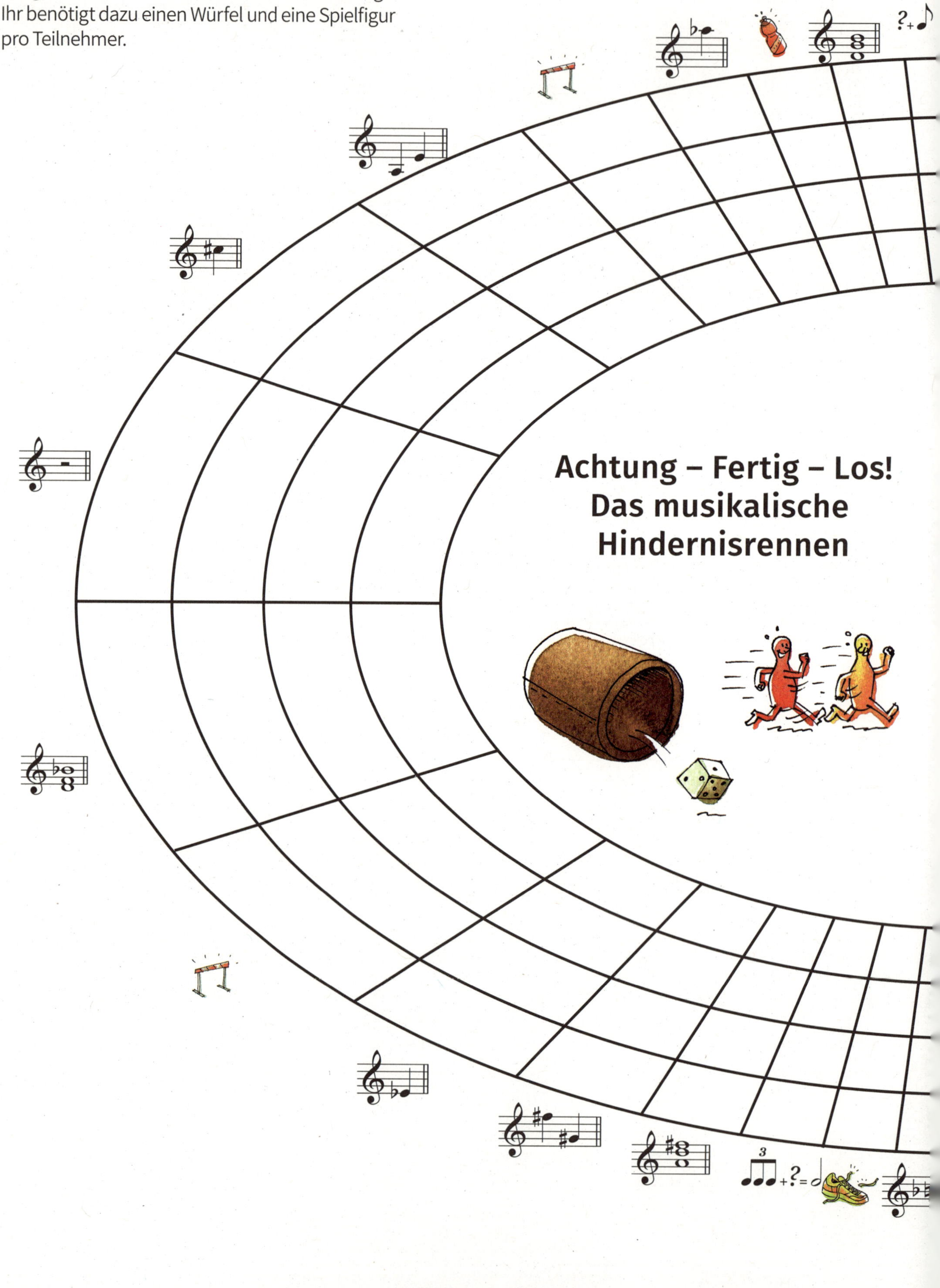

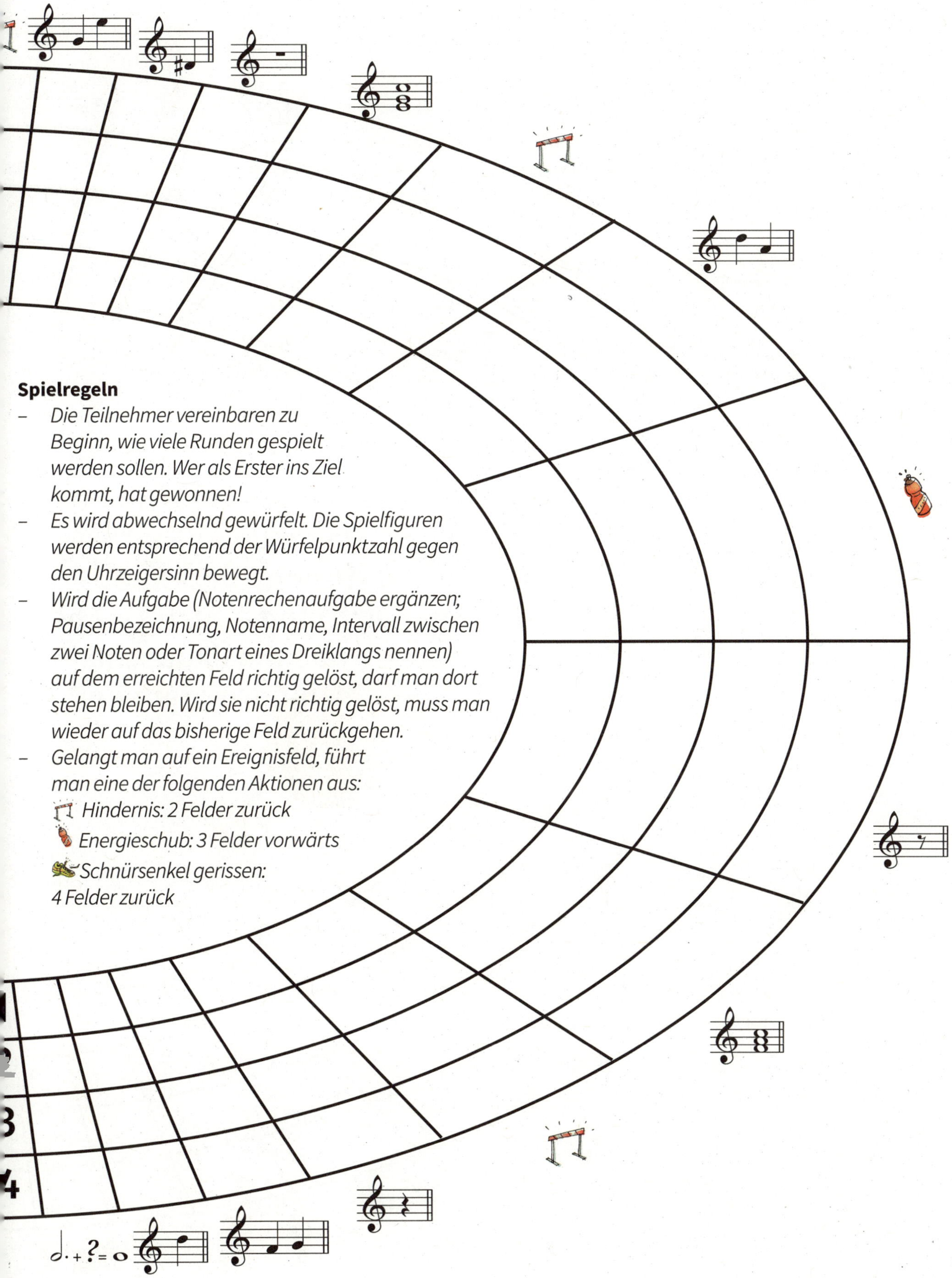

Spielregeln

- *Die Teilnehmer vereinbaren zu Beginn, wie viele Runden gespielt werden sollen. Wer als Erster ins Ziel kommt, hat gewonnen!*
- *Es wird abwechselnd gewürfelt. Die Spielfiguren werden entsprechend der Würfelpunktzahl gegen den Uhrzeigersinn bewegt.*
- *Wird die Aufgabe (Notenrechenaufgabe ergänzen; Pausenbezeichnung, Notenname, Intervall zwischen zwei Noten oder Tonart eines Dreiklangs nennen) auf dem erreichten Feld richtig gelöst, darf man dort stehen bleiben. Wird sie nicht richtig gelöst, muss man wieder auf das bisherige Feld zurückgehen.*
- *Gelangt man auf ein Ereignisfeld, führt man eine der folgenden Aktionen aus:*
  Hindernis: 2 Felder zurück
  Energieschub: 3 Felder vorwärts
  Schnürsenkel gerissen: 4 Felder zurück

Trainings-Spiel II (für 2–4 Teilnehmer/innen)

Gestaltet euer eigenes musikalisches Abschlusstraining!
Tragt dazu Aufgaben eurer Wahl zu Noten- und Pausenwerten, Notennamen, Intervall- und Dreiklangsbezeichnungen in die Lücken bzw. in die freien Notensysteme ein.

Spielregeln Seite 43

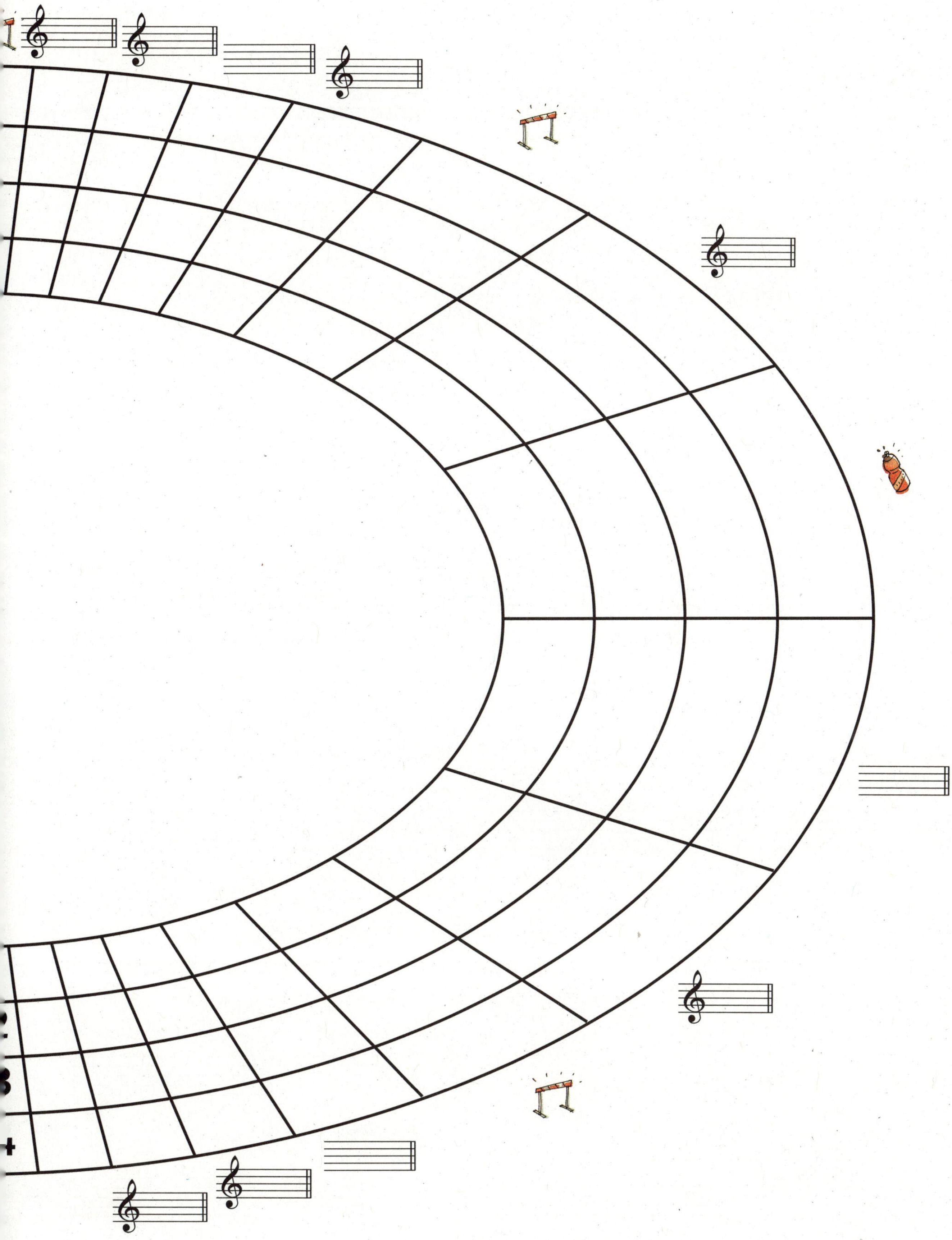

Notenlinien für eure Eintragungen

us- und Melodie-Diktate

Selbsteinschätzungs-Bogen

Das kann ich nun:

jeweils ankre

Ich kann …

einen notierten Rhythmus klatschen oder mit einem Instrument spielen.				
einen notierten Rhythmus hörend erkennen.				
einen vorgeklatschten Rhythmus aufschreiben.				
selbst einen Rhythmus erfinden und aufschreiben.				

Ich kann …

eine notierte Melodie spielen oder singen.				
eine notierte Melodie hörend erkennen (»Nummernrätsel«).				
eine vorgespielte Melodie aufschreiben.				
selbst eine Melodie erfinden und aufschreiben.				

Ich kann …

Dur-Tonleitern aufschreiben.				
Moll-Tonleitern aufschreiben.				
eine chromatische Tonleiter und eine Ganztonleiter aufschreiben.				
eine Tonleiter singen oder spielen.				

Ich kann …

Dur-Dreiklänge bestimmen.				
Moll-Dreiklänge bestimmen.				
angegebene Dreiklänge schreiben.				
Dur- und Moll-Dreiklänge hörend unterscheiden				
Dreiklänge singen oder spielen.				

Ich kann …

Intervalle grob bestimmen.				
Intervalle fein bestimmen.				
angegebene Intervalle schreiben.				
Intervalle hörend unterscheiden.				
Intervalle singen oder spielen.				

Ich kann …

die Hauptdreiklänge / Nebendreiklänge einer Tonart benennen und aufschreiben.				
Kadenzen mit Grundstellungs-Dreiklängen schreiben.				
Kadenzen mit Umkehrungs-Dreiklängen schreiben.				
zu einer einfachen Melodie passende Begleit-Dreiklänge finden.				